BESTACTIVITYBOOKS.COM

Scoprire i Giochi Gratuiti Online

Disponibile Qui:

BestActivityBooks.com/FREEGAMES

5 CONSIGLI PER INIZIARE

1) COME RISOLVERE LE PAROLE INTRECCIATTE

I puzzle hanno un formato classico:

- Le parole sono nascoste senza spazi o trattini,...
- Orientamento: Le parole possono essere scritte in avanti, indietro, verso l'alto, verso il basso o in diagonale (possono essere invertite).
- Le parole possono sovrapporsi o intersecarsi.

2) APPRENDIMENTO ATTIVO

Accanto ad ogni parola c'è uno spazio per scrivere la traduzione. Per incoraggiare l'apprendimento attivo, un **DIZIONARIO** alla fine di questa edizione vi permetterà di controllare e ampliare le vostre conoscenze. Cerca e scrivi le traduzioni, trovale nel puzzle e aggiungile al tuo vocabolario!

3) SEGNARE LE PAROLE

Puoi inventare il tuo sistema di segni. Forse ne usi già uno? Per esempio, puoi segnare le parole difficili da trovare con una croce, le parole preferite con una stella, le parole nuove con un triangolo, le parole rare con un diamante, e così via.

4) STRUTTURARE L'APPRENDIMENTO

Questa edizione offre un **TACCUINO** alla fine del libro. In vacanza, in viaggio o a casa, puoi organizzare facilmente le tue nuove conoscenze senza bisogno di un secondo quaderno!

5) AVETE FINITO TUTTE LE GRIGLIE?

Nelle ultime pagine di questo libro, nella sezione della **SFIDA FINALE**, troverete un gioco gratuito!

Facile e veloce! Dai un'occhiata alla nostra collezione di libri di attività per il tuo prossimo momento di divertimento e **apprendimento,** a portata di clic!

Trova la tua prossima sfida su:

BestActivityBooks.com/MioProssimoLibro

Ai vostri posti, pronti...Via!

Sapevi che ci sono circa 7.000 lingue diverse nel mondo? Le parole sono preziose.

Amiamo le lingue e abbiamo lavorato duramente per creare libri di altissima qualità. I nostri ingredienti?

Una selezione di argomenti adatti all'apprendimento, tre buone porzioni di intrattenimento, una cucchiaiata di parole difficili e una spolverata di parole rare. Li serviamo con amore e entusiasmo in modo che tu possa risolvere i migliori giochi di parole e divertirti imparando!

La vostra opinione è essenziale. Puoi partecipare attivamente al successo di questo libro lasciandoci un commento. Ci piacerebbe sapere cosa ti è piaciuto di più di questa edizione.

Ecco un link veloce alla pagina dell'ordine:

BestBooksActivity.com/Recensione50

Grazie per il vostro aiuto e buon divertimento!

Tutta la squadra

1 - Scacchi

```
E  L  N  K  C  B  P  C  V  P  K  N  E  D
W  O  K  O  E  K  A  M  P  I  O  E  N  W
I  A  I  N  G  H  S  Z  N  O  F  F  E  R
T  X  H  I  A  Y  S  G  S  S  L  I  M  K
E  Y  W  N  N  N  I  S  H  T  D  U  O  O
E  D  D  G  S  P  E  L  E  R  I  I  M  N
N  L  V  I  P  U  W  X  T  A  A  T  T  I
S  N  S  N  Y  N  E  R  W  T  G  D  E  N
T  W  E  D  S  T  R  Y  D  E  O  A  L  G
A  M  S  Z  F  E  E  S  G  G  N  G  E  M
N  O  T  W  A  T  Ë  D  P  I  A  I  E  J
D  F  J  K  A  C  L  X  P  E  A  N  R  K
E  I  J  A  O  R  S  T  P  S  L  G  B  C
R  K  A  I  C  E  T  K  Y  I  A  S  X  A
```

TEENSTANDER	OM TE LEER
WIT	PUNTE
KAMPIOEN	KONING
WEDSTRYD	KONINGIN
DIAGONAAL	REËLS
SPELER	OFFER
SPEL	UITDAGINGS
SLIM	STRATEGIE
SWART	TYD
PASSIEWE	

2 - Aggettivi #2

```
T D O S K A S B N T K W S A
S R P K T F D R O Ë P A O K
O A D R B E M T R H B R U S
E M S E O C R R M O Z M T U
T A O A B D B K A N U W E I
Y T U T X E U N L G K I N W
Z I T I U N K K E E L Y T E
G E K E O K Z E T R V P I R
T S Y W F M K O N I U I E C
D N F E T R O T S D E M K M
B E S K R Y W E N D E W E Y
N A T U U R L I K E N H E Z
E L E G A N T G E S O N D I
J N I N T E R E S S A N T G
```

HONGER	STERK
DROË	INTERESSANT
OUTENTIEKE	NATUURLIKE
WARM	NORMALE
KREATIEWE	NUWE
BESKRYWENDE	TROTS
SOET	PRODUKTIEWE
DRAMATIES	SUIWER
ELEGANT	SOUT
BEKENDE	GESOND

3 - Pesca

```
M W W J J A J G B Y X Z T A
Q U R H G F P E K O O K O A
Y O J Q N F Q D L T O G E S
K S T R A N D U T Q V T R U
Z E U P H G N L G L O V U J
W A L C Z E L D T V M O S G
A A O O R D R Y W I N G T M
L N T Y S M G D M N S L I A
K A K E B E E N G N E K N N
I X G D R Q W E N E I R G D
E Q Z R I V I E R K S Z Z J
W H A A K N G B E C O H Y I
E M K A L C Z X F I E Z U E
N Q Y D X R F A V Y N X B W
```

WATER	HAAK
TOERUSTING	MEER
BOOT	KAKEBEEN
KIEWE	OSEAAN
MANDJIE	GEDULD
KOOK	GEWIG
OORDRYWING	VINNE
AAS	STRAND
DRAAD	SEISOEN
RIVIER	

4 - Aggettivi #1

```
P J N J B E I C G S P N A W
G E A M B I S I E U S E R A
V E R O K D R U I M B A T A
Y R W F D U I P L J E S I R
U L A E E N S E G B L P S D
D I G V N K T K P E A J T E
A K T I E W E C D S N C I V
J O N G T S T A D I G N E O
A R O M A T I E S E R K K L
M O D E R N E H L R I I E L
A B S O L U T E Y A K F K E
I D E N T I E S E X N R E F
E K S O T I E S E A Q K Z B
G R O O T Z J P S W A A R F
```

AMBISIEUSE	BELANGRIK
AROMATIESE	STADIG
ARTISTIEKE	LANK
ABSOLUTE	MODERNE
AKTIEWE	EERLIK
GROOT	PERFEK
EKSOTIESE	SWAAR
RUIM	WAARDEVOLLE
JONG	DIEP
IDENTIESE	DUN

5 - Geologia

```
P G O Y K K X X E M S U U R
A L Y G L O S Q R I S O U T
A G A N I A R M O N I W V I
R M P T P U A H S E I F U P
D L K Z O T D G I R K O L N
B G E Y S E R R E A O S K N
E D C U V O U O E L R S A B
W V E C P A E T P E A I A A
I K A L S I U M Y I A E N W
N W D G K R I S T A L L E I
G A U K W J S S C X L A V A
B R S T A L A K T I E T T R
T T K O N T I N E N T S B O
Y S T A L A G M I E T E V S
```

SUUR	LAVA
PLATO	MINERALE
KALSIUM	KLIP
GROT	KWARTS
KONTINENT	SOUT
KORAAL	STALAGMIETE
KRISTALLE	STALAKTIET
EROSIE	LAAG
FOSSIEL	AARDBEWING
GEYSER	VULKAAN

6 - Campeggio

```
B D P K A M E E R K V P W B
O I S N V A K Z M A Q T B E
M E B I K J A H R C O F P R
E R J N O A V O N T U U R G
H E C S M G A P H J T L E K
R O U E P M V R V J E M T L
S Q E K A J U I T P N A M S
F U Y D S O K N Y O T A K O
B V U U R X A R B N U N Z W
O P M C H A N G M A T N Q T
S Y X X O P O Z V T H S I M
I T K N Q I C T Q U L L F I
A X P R M H O K Z U W S G Q
X V Y C D G J U W R J Q Y H
```

BOME	PRET
HANGMAT	BOS
DIERE	VUUR
AVONTUUR	INSEK
KOMPAS	MEER
KAJUIT	MAAN
JAG	KAART
KANO	BERG
HOED	NATUUR
TOU	TENT

7 - Arti Visive

```
L  I  P  M  J  T  G  W  K  F  Q  T  H  K
Y  K  E  O  E  V  W  C  L  U  O  B  F  U
X  V  H  I  R  E  A  E  E  V  L  T  M  N
M  C  N  M  N  T  S  W  I  C  Q  N  O  S
V  E  R  N  I  S  R  T  C  D  E  F  W  T
P  O  T  L  O  O  D  E  E  X  F  I  V  E
E  S  E  L  Z  R  Z  I  T  R  A  L  S  N
N  K  E  R  A  M  I  E  K  C  S  M  Q  A
R  S  F  A  V  G  N  L  K  K  F  T  P  A
R  V  S  K  I  L  D  E  R  Y  C  Z  U  R
J  W  R  I  Z  M  S  U  Y  A  U  F  W  K
C  A  R  G  I  T  E  K  T  U  U  R  G  D
H  O  U  T  S  K  O  O  L  M  Y  Z  V  X
S  A  M  E  S  T  E  L  L  I  N  G  X  R
```

ARGITEKTUUR	FILM
KLEI	FOTO
KUNSTENAAR	KRYT
MEESTERSTUK	POTLOOD
HOUTSKOOL	PEN
ESEL	SKILDERY
WAS	PORTRET
KERAMIEK	VERNIS
SAMESTELLING	

8 - Ginnastica

```
S F C L V J K T S I A L H G
V P V S I N O E T N F E A I
C J A M C P M L E D R O N M
V Q H N V H B L R I I T D N
S P R I N G I I K V G A E A
M U L O E I N N T I T R R S
U P V N E I A G E D E D S I
S B O F U T S S J U R S K U
I Q Z W R G I H O E P E L M
E R W X E A E N Y L G P D X
K A R T G K S H E E L E J S
E R Z I T G I M N A S T E H
K R Y T E J U T Y L E M L X
E Z A S R J E H O A T D I W
```

AFRIGTER	INDIVIDUELE
LEOTARDS	HANDE
HOEPEL	MUSIEK
KOMBINASIES	GIMNASIUM
STERKTE	TELLINGS
KRYT	ROETINE
GIMNASTE	SPRING
REGTER	SPAN

9 - Esplorazione

```
U D B E P A L I N G T F T V
F W I L D E A F R R E A K T
O M T E L E E R U I R C A F
N S I S R C A K I Q R I K L
T E B O J E N E M O E D U G
D X U E N H V H T B I O L E
E J T K U B Q F E K N P T V
K N K E W C E C O Q B W U A
K N Y E E P B K R Q Q I R A
I A K T I W I T E I T N E R
N U I T P U T T I N G D S L
G J A U Q X E U S R D I Q I
H S Y U H S O Q J T S N X K
G E V A R E E K N P A G E J
```

DIERE
AKTIWITEIT
MOED
KULTURE
BEPALING
OPWINDING
UITPUTTING
TAAL
NUWE
OM TE LEER

GEVARE
GEVAARLIK
SOEKE
ONBEKEND
ONTDEKKING
WILDE
RUIMTE
TERREIN
REIS

10 - Tempo

```
O W E E K T O V M A A N D G
O H F E Q E T O J M G A I I
M J K C U Z Z O S A Q J Q X
T I V D A G U R C V A E A K
O A N Y K A L E N D E R C L
E V U U J A A R L I K S E O
K A J G U N A G U U R U I K
O T P H P T R G M I D D A G
M D E K A D E I C W K P B O
S I P J I X I S W F A T S U
P B W T S B L T S L D P R F
H J M J L U V E F M S C B I
B G V C Y G L R U F L W W C
O G G E N D V A N D A G W G
```

JAAR	MIDDAG
JAARLIKSE	MINUUT
KALENDER	NAG
DEKADE	VANDAG
NA	UUR
TOEKOMS	KLOK
DAG	GOU
GISTER	VOOR
OGGEND	EEU
MAAND	WEEK

11 - Astronomia

```
C N S S W A A R T E K R A G
B R E Z L P S E C Q D Y O R
M E T E O O R V U U R P Y L
S Q S H E E L A L I N F Z U
S T Q T U P Y V B N E W E L
T J E C R L Z Y K O S M O S
E A L R M A X N F X L D C Y
R M M E R N L U G I K L P S
R M K T J E F I O W X A E J
E A A R D E B Z N J G I J V
W D L A J T S E H G X B S G
A K O N N A S T E R O Ï D E
G U V B X N I Y C L W W F K
T E L E S K O O P A D N J Z
```

ASTEROÏDE	NEWEL
LUG	STERREWAG
KOSMOS	PLANEET
STERREBEELD	BESTRALING
EQUINOX	VUURPYL
SWAARTEKRAG	TELESKOOP
MAAN	AARDE
METEOOR	HEELAL

12 - Circo

```
O T I J E O L R O J K P T H
B D O H H K G F L O O A R S
A I L W M A A P I N S R U G
L E E U E A P Q F G T A U R
L R N M K R R C A L U D K O
O E F A M T K L N E U E I J
N F I Y U J S U T U M P V L
N V T I S I W R N R T E N T
E U G I I E B W Y S K N R J
L E K K E R G O E D Z A Y S
P B K A K R O B A A T R R Z
T O E S K O U E R U Y O S Q
T O W E N A A R L O M O G D
A A R B Z O O W K L S L F D
```

AKROBAAT	TOWENAAR
DIERE	WYS
KAARTJIE	MUSIEK
LEKKERGOED	BALLONNE
NAR	PARADE
KOSTUUM	AAP
OLIFANT	TOESKOUER
JONGLEUR	TENT
LEEU	TIER
TOWERKUNS	TRUUK

13 - Mitologia

```
S  W  E  E  R  L  I  G  M  U  H  W  A  A
O  T  P  N  W  Z  M  O  N  S  T  E  R  Z
O  C  E  B  J  A  L  O  E  S  I  E  L  L
R  D  I  R  A  M  P  F  Y  T  L  K  K  D
T  S  K  Q  F  K  V  K  D  E  E  R  U  H
U  I  K  X  O  L  D  D  O  R  G  Y  L  I
I  X  P  E  D  M  I  J  N  K  E  G  T  G
G  G  U  U  P  L  A  K  D  T  N  E  U  E
I  P  D  S  Z  S  Y  F  E  E  D  R  U  D
N  A  K  L  I  J  E  J  R  B  E  R  R  R
G  K  R  E  P  K  K  L  W  P  C  Z  K  A
S  K  B  D  M  A  G  I  E  S  E  S  Z  G
A  R  G  E  T  I  P  E  E  G  O  D  E  C
S  K  E  P  P  I  N  G  R  S  W  W  A  J
```

ARGETIPE	STERKTE
GEDRAG	WEERLIG
SKEPSEL	JALOESIE
SKEPPING	KRYGER
OORTUIGINGS	LEGENDE
KULTUUR	MAGIESE
RAMP	STERFLIKE
GODE	MONSTER
HELD	DONDERWEER

14 - Piante

```
F I W K T B O O N T J I E Y
E L M S X Y O F L O R A B P
B A M B O E S O L E S W L L
B E S S I E C S M W K F A A
M L A B L O M B L A R E D N
T O F O K L I M O P W X L T
P B S S D O B L O M O U T K
Q Y A I G I O D X W R K J U
B L A R E M T H X B T U I N
L G Z M U G X K E I E N K D
E W R E Q R Q F B P L S U E
B N S A K O P R N L Q M D H
C O L J S E L T D V Z I W F
G C K R Z I K A K T U S G G
```

BOOM	BLOM
BESSIE	FLORA
BAMBOES	BLAD
PLANTKUNDE	BLARE
KAKTUS	BOS
GROEI	TUIN
KLIMOP	MOS
GRAS	BLOMBLARE
BOONTJIE	WORTEL
KUNSMIS	

15 - Spezie

```
R N H K L T R D H B A N Y S
C E A N O S R K E I S J N G
K N J O D L Y F W T A N E E
X A G F K N J G N T Z H U M
M P N F W V K A I E S N T M
R O V E E R A P N R E O M E
X C A L E R R A K D Z S U R
L W S S M L D P H R E W S T
B O R R I E E R K O V R K W
Y N Z S R F M I E P I K A K
T T Y O A Z O K R E N V A O
Z R U E P J M A R P K F T M
Y S K T V B U I I E E R G Y
Q V A N I E L J E R L H E N
```

KNOFFEL	SOET
BITTER	VINKEL
ANYS	DROP
KANEEL	NEUTMUSKAAT
KARDEMOM	PAPRIKA
UI	PEPER
KOLJANDER	SOUT
KOMYN	VANIELJE
BORRIE	GEMMER
KERRIE	

16 - Numeri

```
S Y V Y F A D F R X I N T G
E M I N M H G E E Y Y V I G
S B E F U G G T R F D J E O
D A R E V X V S I T S V N D
S E W E N T I E N E I F K E
T T W I N T I G P M N E R S
B W A G T N U L T W E E N I
K S A V E E R T I E N M O M
S E T A N E G E N T I E N A
E S K F L N E G E S P S H L
W T H V Y F T I E N D R I E
E I N V F X Z N B W U H R O
S E B C O M Z S P D V Z S P
K N R G X Z O O I G I X J L
```

VYF	VEERTIEN
DESIMALE	VIER
NEGENTIEN	VYFTIEN
SEWENTIEN	SESTIEN
AGTIEN	SES
TIEN	SEWE
TWAALF	DRIE
TWEE	DERTIEN
NEGE	TWINTIG
AGT	NUL

17 - Cioccolato

```
A P K B A O G E K N N K L Z
N D L V I R K A K A O A E G
T O A U Q T O I Q M G L K O
I V P P S E T M G B E O K K
O M P U O K A E A A H R E A
K K E Q E E N Q R G A I R R
S E R E T E I X E S L E G A
I F E G L M J E V M T Ë O M
D V S S M A A K R A E R E E
A H E E R L I K E N N Y D L
N H P E K S O T I E S E R H
T B E S T A N D D E E L A Z
G H C N G U N S T E L I N G
Z G S U I K E R X A I J G U
```

BITTER	SOET
ANTIOKSIDANT	EKSOTIESE
AROMA	SMAAK
AMBAGSMAN	BESTANDDEEL
DRANG	KLAPPER
KAKAO	POEIER
KALORIEË	GUNSTELING
LEKKERGOED	GEHALTE
KARAMEL	RESEP
HEERLIKE	SUIKER

18 - Guida

```
L V E R K E E R R E M M E H
I E R L B V Z R J J S G C V
S R V M B B T E K K H A K E
E S O V E R V O E R X R A I
N I E N L P A D N T V A A L
S G T S G T O N N E L G R I
I T G P E E H K D K B E T G
E I A O V Y L G A S L U P H
N G N E A J P U J K T M S E
L H G D A G Q Q K L O O D I
Y E E E R A O A T F I T F D
Z I R A P O L I S I E O D J
I D J M Y M U S W O H R E C
G M O T O R F I E T S L J V
```

VERSIGTIGHEID	MOTORFIETS
MOTOR	VOETGANGER
BUS	GEVAAR
BRANDSTOF	POLISIE
REMME	VEILIGHEID
GARAGE	PAD
GAS	VERKEER
ONGELUK	VERVOER
LISENSIE	TONNEL
KAART	SPOED

19 - Sport

```
S Y Y W R N X T O Y Z B K K
T P C H O K K I E S P E L A
A A E B Y F U Q X N Q F B M
D F V L U B V O R H N G W P
I R B G E P V U B A B I Q I
O I W Q A R B Y B T E M S O
N G S D T W F I A L W N Q E
V T H B C D J J S E E A V N
U E M O I D Y U K E G S L S
N R L F L P I Y E T I T R K
A K Q B S F I E T S N I Z A
X E K A M T L V B B G E J P
N C P L S P A N A M X K U A
W E N N E R Z S L Y O I R T
```

AFRIGTER	SPEL
ATLEET	GHOLF
BOFBAL	HOKKIE
BASKETBAL	BEWEGING
FIETS	SPAN
KAMPIOENSKAP	STADION
GIMNASTIEK	TENNIS
SPELER	WENNER

20 - Giocattoli

```
U O Y C D B K M R C C F G V
D Z V E R F A O X Z J H U L
V T U Y O O V E S O B D N I
E R B R M O T O R K V R S E
R E A O M B O O T L L A T Ë
B S L G E O F T R E I N E R
E I K W M B I F R I E L L H
E W J A C O E V V F G E I A
L O U V A E T Z Y P T G N N
D P E I X K S O Q Z U K G D
I M J E P E G C R V I A G W
N J U X P J Y W P R G A E E
G D F M E U S Y E O B R U R
A A Z R O B O T J T P T C K
```

VLIEGTUIG	VERBEELDING
VLIEËR	BOEKE
KLEI	BAL
HANDWERK	GUNSTELING
MOTOR	LEGKAART
POP	ROBOT
BOOT	SKAAK
DROMME	TREIN
FIETS	VERF
VRAGMOTOR	

21 - Uccelli

```
T J R T O E K A N A I O K S
F P E L I K A A N E D F J D
O O I E V A A R G A N S O W
H T E E N D A W L P B D E W
Q A R E N D A X P J F U Q P
Q A W I W N Q M O S S I E A
H P I K K E W Y N E K F L P
S O K O E K O E K I M T D E
M W E S C M S H S E H V D G
E K A N M Y Q S Q R D T T A
E Y O A D F L A M I N G O A
U C A R N E G F S M R P K I
N X S C M H R X N U S P O U
V O L S T R U I S X T H F J
```

REIER	PAPEGAAI
EEND	MOSSIE
AREND	POU
OOIEVAAR	PELIKAAN
SWAAN	DUIF
KOEKOEK	PIKKEWYN
HAWK	HOENDER
FLAMINGO	VOLSTRUIS
MEEU	TOEKAN
GANS	EIER

22 - Giorni e Mesi

```
W E E K J M G O R M A F S M
W O E N S D A G O D P E O N
O K T O B E R A Z M R B N O
A U G U S T U S N A I R D V
F C V V A G Q X T D L U A E
R Y G R T F L T U E R A G M
M L N Y E J A A R S M R D B
J V F D R A U L Q E A I I E
E U X A D N C L E M A E N R
C L N G A U H O I B N F S Y
D H Y I G A O L F E D I D I
J G D L E R F Z J R A U A Q
A I K D N I D Q U G G U G U
K V Z A O E K A L E N D E R
```

AUGUSTUS	MAANDAG
JAAR	DINSDAG
APRIL	WOENSDAG
KALENDER	MAAND
DESEMBER	NOVEMBER
SONDAG	OKTOBER
FEBRUARIE	SATERDAG
JANUARIE	WEEK
JUNIE	VRYDAG
JULIE	

23 - Casa

```
P L A F O N H H K A M E R V
V U X I O G R F D D U O G E
F V T W S A Q V S S U H H N
G W B A T B W B M B R U E S
E U M S O L D E R O S P I T
K X M A R O A S Q Y I S N E
O D A D T G K E X V L N I R
M E C Y U B A M K E L Q N C
B U W T I O N R B F I O G L
U R B O N G Q T A A Y E E K
I O W J U H Q V O G Y D P R
S P I E Ë L R D A J E A Y A
C R B I B L I O T E E K E A
L A M P E C K A G G E L A N
```

SOLDER	MUUR
BIBLIOTEEK	VLOER
KAMER	DEUR
KAGGEL	HEINING
KOMBUIS	KRAAN
STORT	BESEM
VENSTER	PLAFON
GARAGE	SPIEËL
TUIN	MAT
LAMP	DAK

24 - Ristorante #1

```
V P T D X F W U R J Y O L K
A L L E R G I E T E P B F O
K X E B E S P R E K I N G S
A H H I E S O U S O T A F E
S H O H S S K R E F T G S H
S E E Q H Y T C W F I E I K
I Y N S M E S A T I G R F O
E B D P E X X U N E E E S M
R K E L N E R I N D Q G Q B
N W R C U B R O O D D Z X U
N I N E X A A I B R F E S I
N M Z Q N K S E R V E T L S
P L A A T X D E B I J V P E
N B G N R T E R X D H B Y X
```

ALLERGIE	BESTANDDELE
KOFFIE	MENU
KELNERIN	BROOD
VLEIS	PLAAT
KASSIER	PITTIGE
KOS	HOENDER
BAK	BESPREKING
MES	SOUS
KOMBUIS	SERVET
NAGEREG	

25 - Fantascienza

```
O K D N W S B I F G O U Q V
U O X O N T P L O F F I N G
R P T M Q L U L R A M T T F
H E E L A L T U A N V E E U
P Z A O M O O S K T R R G T
L D T L D G P I E A Q S N U
A V E W I L I E L S A T O R
N B R S S E H F T T E L I
E V O N T K T R J I O I O S
E U B G O P R I A E O B G T
T U O L P Z I T E S M E I I
Z R T F I L O Y P S W J E E
C A T I E B O E K E E Q K S
G G E H E I M S I N N I G E
```

ATOOM	BOEKE
TEATER	GEHEIMSINNIGE
DISTOPIE	HEELAL
ONTPLOFFING	ORAKEL
UITERSTE	PLANEET
FANTASTIES	REALISTIESE
VUUR	ROBOTTE
FUTURISTIES	TEGNOLOGIE
ILLUSIE	UTOPIE

26 - Città

```
R E S T A U R A N T M S R R
U I S U P E R M A R K K H J
B O E K W I N K E L X O V R
B L O E M I S T E A H O M P
U E H O T E L R C Q D L S B
J U N I V E R S I T E I T A
L G E R O W I N K E L A A K
U I W I O K M X Q A A P D K
G M Q T K L C K F T D T I E
H B I B L I O T E E K E O R
A B A N K N O M A R K E N Y
W L H I V I Q F X X K K W G
E M P U T E G A L E R Y A X
Z W S E P K M U S E U M N I
```

LUGHAWE	MUSEUM
BANK	WINKEL
BIBLIOTEEK	BAKKERY
KLINIEK	RESTAURANT
APTEEK	SKOOL
BLOEMISTE	STADION
GALERY	SUPERMARK
HOTEL	TEATER
BOEKWINKEL	UNIVERSITEIT
MARK	

27 - Virtù #1

```
D N I B J Z P J F S D C V B
O U S N E M S V E N W Y S E
E U J B T S H E Y A Q N P S
L S A E E E L E F A A U A K
T K R H S T L I V K U T S E
R I M Q P O R L S S P T I I
E E A D R N N O I S P I Ë E
F R N M A G Z V U G E G N R
F I T N K R U I M B E N T F
E G X Z T S K O O N A N D M
N A R T I S T I E K E A T D
D Y G O E I E C F I E X R E
C P P A S S I E V O L A C V
B Y I D E J O T I D T C E M
```

SJARMANT	RUIM
BETROUBAAR	INTELLIGENTE
PASSIEVOL	BESKEIE
ARTISTIEKE	PASIËNT
GOEIE	PRAKTIESE
NUUSKIERIG	SKOON
BESLISSEND	WYSE
SNAAKS	NUTTIG
DOELTREFFEND	

28 - Compleanno

```
G E Y V R E U G D E V O L G
E Y D V A G O N V J C P B O
B A O V D N N F K O J E I P
O A W I Y R R U X N B A G C
R V G E S K E N K G K K A O
E P Y R R E A G R O O T E R
M I D I J R B L M G E X Z W
P K T N L S P I E G K D S Y
N R H G M E M N O N L W B S
S P E S I A A L I E D C E H
D A G T V R I E N D E E Z E
A I J Y K A A R T E K J R I
F T B D U G E L U K K I G D
U I T N O D I G I N G S R Q
```

VRIENDE	DAG
JAAR	JONG
KALENDER	GROOT
KERSE	UITNODIGINGS
LIED	GEBORE
KAARTE	GESKENK
VIERING	WYSHEID
PRET	SPESIAAL
GELUKKIG	TYD
VREUGDEVOL	KOEK

29 - Fattoria #1

```
F Z V X F B X K G L F V E K
P H O O I X Y Q W A T E R U
O E F M P M H E U N I N G N
H I R U N V R U E D H J M S
O N N D O N K I E B O K X M
E I S N L I U O R O N Z D I
N N T M E I D C E U D H S S
D G D R I B D A D I P V D F
E J P G S V E L D R Y S R P
R P L G K A T N X K A J X
R B K A A R T I F K K D C R
K Q A M L K X J Z Z Y E V A
N X T Y F X Q G P M N K N T
T K I L V H U Y M V J A M N
```

WATER	KAT
LANDBOU	KUDDE
BYE	VARK
DONKIE	HEUNING
VELD	KOEI
HOND	HOENDER
BOK	HEINING
PERD	RYS
KUNSMIS	SADE
HOOI	KALF

30 - Paesaggi

```
D Y G J H K P D L E V O B Z
M O E R A S B N Y I A S D W
G K S R Q E E L S L L E H O
L R Q I I E R W B A L A S E
E M W A G V G G E N E A K S
T J N S E Y I W R D I N I T
S P E W Y R U E G O M V E Y
E D D A S B P V R D T E R N
R U I T E T O E N D R A E X
O A S E R H E U W E L R I R
R S T R A N D X R C N F L Z
O G U V U L K A A N P G A N
L B J A Y J D N Y T Y G N K
S C T L F D S A R C B U D K
```

WATERVAL	SEE
HEUWEL	BERG
WOESTYN	OASE
RIVIER	OSEAAN
GEYSER	MOERAS
GLETSER	SKIEREILAND
GROT	STRAND
YSBERG	TOENDRA
EILAND	VALLEI
MEER	VULKAAN

31 - Ristorante #2

```
J R T L H D R A N K M N G C
J W X D X I G Z A Z M I R W
M J M S M Z A Y M N W X O P
C A Y Y I V I S N H D U E C
V G X O D W T L O R J E N S
O O E J D Y C A K O E K T P
B A A K A J L A R H I Z E E
L V R U G T E I M E E S X S
K E L N E R W A T E R O H E
R X P U T I B W P R S P T R
B L M E E V S W B L T O V Y
U N V N L B J K I I O K U E
Y N R K P E L B Y K E Y R T
Y F J S K G Q G T E L P K S
```

WATER	SOP
DRANK	VIS
KELNER	MIDDAGETE
AANDETE	SOUT
LEPEL	STOEL
HEERLIKE	SPESERYE
VURK	KOEK
VRUGTE	EIERS
YS	GROENTE
SLAAI	

32 - Giardino

```
K M P I F K I R L W H U O B
U T D U I H W N B H I C N O
Y J T N T E D R O O C E K O
B S Z T U I N V S I O F R R
G L D A M N B A N K Q M U D
R A O F Y I K G N E L H I F
A N V M L N L V K O G G D I
A G J R E G R A S S H R G J
F K D T E R R A S X B A A Z
O X H W V O P G T F H S R I
C X X M D N Y G O Y S P A K
Q P T U F D C Y E L N E G W
H A N G M A T B P L L R E B
T R A M P O L I E N E K F N
```

BOOM	BANK
HANGMAT	STOEP
BOS	GRASPERK
GRAS	HARK
ONKRUID	HEINING
BLOM	DAM
BOORD	GROND
GARAGE	TERRAS
TUIN	TRAMPOLIEN
GRAAF	SLANG

33 - Frutta

```
C V F D S A F L O N W B S P
D X M L K E R S I E X L A E
P A P A J A A B S K K A V R
P S A E N A M Y Z T J C S S
Y P W F Y G B B Y A U K U K
N A X H X X O C I R T B U E
A N P E E R O I H I P E R R
P S K A B E S S I E R R L L
P P I V A P P E L N U R E O
E E W O K R J F Z Y I Y M R
L K I K J W E S V S M M O A
F O C A P I E S A N G F E N
P E Y D R U I W E A N F N J
V G J O A P P E L K O O S E
```

APPELKOOS	MANGO
PYNAPPEL	APPEL
ORANJE	SPANSPEK
AVOKADO	BLACKBERRY
BESSIE	NEKTARIEN
PIESANG	PAPAJA
KERSIE	PEER
KIWI	PERSKE
FRAMBOOS	PRUIM
SUURLEMOEN	DRUIWE

34 - Fattoria #2

```
B O E R Y P N K I F N J B D
L Y P F P E X O X D R O E I
S H E R D E R S E G A N S E
L A M K B N C T V D R S P R
X H E C O Q U R R E S K R E
K P L X O R I E U L K A O J
X O K I R X F K G L U P E P
Y P R A D K C K T A U E I W
A Q H I D C R E E M R S I D
E E N D N E V R T A M S N R
B S Y X V G Z H Z Q W G G A
Y V A Z E E R Z P P A Z D A
R O C O J V U W E I D E F E
F Z R S T S W I O Y N K F D
```

LAM	BESPROEIING
BOER	LLAMA
BYEKORF	MELK
EEND	RYP
DIERE	GANSE
KOS	GARS
SKUUR	HERDER
VRUGTE	SKAPE
BOORD	WEIDE
KORING	TREKKER

35 - Dinosauri

```
H Q A C R I X J V W C F X I
B E A M J L J D L F A D Y S
O K R A G T I G E G Q G R P
S H D B R J G M R R E U S E
E P E V I E S L K O N U E S
D A O M I V P A E O C N V I
Y U J L R N O T I T J T O E
G R O O T U R O I T Z I L S
H O M N I V O O R E R V U S
K A R N I V O O R X L V S T
H N Q F O S S I E L E H I E
E N O R M E P R O O I H E R
P R E H I S T O R I E S E T
R B L V E R D W Y N I N G E
```

VLERKE	KRAGTIGE
KARNIVOOR	PROOI
STERT	PREHISTORIESE
ENORME	REPTIEL
HERBIVOOR	VERDWYNING
EVOLUSIE	SPESIES
FOSSIELE	GROOTTE
GROOT	AARDE
REUSE	BOSE
OMNIVOOR	

36 - Verdure

```
C A Y Q Y A G Z L S T U R E
S A M P I O E N S A A G R G
R A D Y S O M F F L M O Y P
B P L Z O I M S Z O A F U I
R R W W Q O E E R T T A R E
O J S W X G R L A R I I I T
C T V B F K U D A X E G A E
C E R T J I E E P E I L R R
O E K Z U W Q R M J E U T S
L X Z R J D S Y D S R E I I
I A A R T A P P E L V B S E
S P I N A S I E T G R C J L
P W O R T E L D J E U T O I
K O M K O M M E R M G X K E
```

BROCCOLI	ERTJIE
ARTISJOK	TAMATIE
WORTEL	PIETERSIELIE
KOMKOMMER	RAAP
UI	RADYS
SAMPIOEN	SALOT
SLAAI	SELDERY
EIERVRUG	SPINASIE
AARTAPPEL	GEMMER

37 - Scuola #2

```
O P O T L O O D V H G R L L
B N P Z K N Z B N W R B E I
I F D S V D Z E E F A T E T
B B O E K E S K Ê R M S S E
L U W H R R Q D B Q M K R R
I S E K H W K I F D A O U A
O P T A W Y Y O A D T E G T
T A E L L S X S F S I N S U
E P N E A L G A E Y K E A U
E I S N O O N R U R A O K R
K E K D R E K E N A A R F D
I R A E A K A D E M I E S E
K W P R S P E L E T J I E S
W O O R D E B O E K C O K U
```

AKADEMIESE	GRAMMATIKA
BUS	ONDERWYSER
BIBLIOTEEK	LITERATUUR
KALENDER	LEES
PAPIER	BOEKE
REKENAAR	POTLOOD
WOORDEBOEK	SKOENE
ONDERWYS	WETENSKAP
SKÊR	RUGSAK
SPELETJIES	

38 - Gentilezza

```
V R I E N D E L I K E Q G V
B E G R I P A S I Ë N T A E
O S G D N U T T I G B Q S R
N P B E T R O U B A A R V D
T E S A G T E Z K Y U J R R
V K U A R G D H B M U L Y A
A W Y N D M E L Q A Z Z Q A
N D B D P V H L G L K H Q G
K N W A X G N A U R A F O S
L Y L G E G P X R K A H U A
I C J T D Q S O Z T K G H A
K V I I E E R L I K I I T M
K H Z G R U I M Y C S G G U
L I E F D E V O L L E L E N
```

BETROUBAAR
VRIENDELIKE
LIEFDEVOLLE
AANDAGTIG
BARMHARTIGE
BEGRIP
SAGTE
GELUKKIG
RUIM

EG
EERLIK
GASVRY
PASIËNT
ONTVANKLIK
RESPEK
VERDRAAGSAAM
NUTTIG

39 - Barbecue

```
D N N W O T M C I F Y G T X
B S K R T S P U L X A W A S
U I E Z G H W H S O U S M I
H B K Q Y M X W U I I S A J
O W H O E N D E R A E V T V
N V M E S S E S O U T K I R
G U I T N O D I G I N G E U
E I D H U V B X M Y K S S G
R G D P E P E R K N M X O T
W F A M I L I E A W O U M E
Y B G T J I D V W A R M E C
S P E L E T J I E S I J R Z
A J T A A N D E T E N Q V J
H J E S L A A I E C F M I R
```

WARM	BRAAI
AANDETE	SLAAIE
KOS	UITNODIGING
UIE	MUSIEK
MESSE	PEPER
SOMER	HOENDER
HONGER	TAMATIES
FAMILIE	MIDDAGETE
VRUGTE	SOUT
SPELETJIES	SOUS

40 - Riempire

```
M A N D J I E S C F D O S S
A U N C B Z D D K Z K F K A
B G I D S O A W O K M P A K
I O D B O F K A E M M E R R
V A T T U E X S V F Y Y T A
A A T T R J K J E I O V O T
A G M C E T M S R Z J M N Y
R I X R N L T U T Q B S X A
T E X I J A J X X V U H T D
U B I V J A P A K K I E V Q
I S A Q O I O L U L S U A A
G J C D B B E T A S Z W A I
S K I N K B O R D E O P S J
T E D R G S M I H A N B V J
```

VAT	VAARTUIG
SAK	PAKKIE
BOTTEL	BOKS
KOEVERT	EMMER
GIDS	BUIS
KARTON	TAS
KRAT	BAD
LAAI	VAAS
MANDJIE	SKINKBORD

41 - Insetti

```
C N K E W E R Y T I Y A L K
I A C W U F N X L K O L A A
C A M U S K I E T V S B D K
A L A R W E C U W C C H Y K
D D K M O T M U G G I E B E
A E Q I I M B T E U M S U R
S K O E N L A P P E R P G L
T O J R K W P N Y R M R P A
E K R V X C T Z T E W I E K
R E P L A N T L U I S N R B
M R H O L J O M D D S K D L
I F R O D K M U R O S A E I
E I R I G C S Y W M G A B B
T P Y C I C E O T D D N Y N
```

PLANTLUIS	NAALDEKOKER
BYE	MANTIS
SPRINKAAN	MUGGIE
CICADA	VLOOI
LADYBUG	KAKKERLAK
KEWER	TERMIET
MOT	WURM
SKOENLAPPER	PERDEBY
MIER	MUSKIET
LARWE	

42 - Erboristeria

```
B A S I L I E K R U I D A F
P I E T E R S I E L I E R M
S A F F R A A N V H Q I O C
R K N F D B P N I K J U M C
M A R J O L E I N R K K A G
K X H U R O F J K N C U T R
N R Q R I M V F E Q G L I O
O O A F L S D I L L E I E E
F E H W O R E G A N O N S N
F D R A G O N M O D O Ê E Z
E G E H A L T E E L T R S D
L M L O V L A V E N T E L Y
T I E M I E O L M A T U I N
B E S T A N D D E E L J Z A
```

KNOFFEL   LAVENTEL
DILLE   MARJOLEIN
AROMATIESE   KRUISEMENT
BASILIEKRUID   OREGANO
KULINÊRE   PIETERSIELIE
DRAGON   GEHALTE
VINKEL   TIEMIE
BLOM   GROEN
TUIN   SAFFRAAN
BESTANDDEEL

43 - Danza

```
E K S P R E S S I E W E S P
C H H U R E P E T I S I E D
B H Q S A K A D E M I E V D
E R O P M U S I E K F V R E
W I T R A D I S I O N E E L
E T R I E P H O S V T N U I
G M U N X O E U P U K N G G
I E H G O S G J C N W O D G
N D K U L T U R E L E O E A
G K U N S U T W A X I T V A
X K U L T U U R V F I I O M
C B B I T R E M O S I E L V
S M K L A S S I E K E E I O
V U Y W G E N A D E K K S F
```

AKADEMIE	VREUGDEVOL
KUNS	GENADE
KLASSIEKE	BEWEGING
VENNOOT	MUSIEK
CHOREOGRAFIE	POSTUUR
LIGGAAM	REPETISIE
KULTUUR	RITME
KULTURELE	SPRING
EMOSIE	TRADISIONEEL
EKSPRESSIEWE	

44 - Commedia

```
T E L E V I S I E Q N B Z M
B E L S L I M A P E P L W T
G P A R O D I E G E H O O R
M R G T A P P L O U S G H Y
N E A L E P R E T R N E I N
M L K P T R H V D K A N O P
V O T N P W A L W K A R G C
M C E B E I F X K C K E G S
D W U N D N E V I I S Q C W
L M R S A Z T S N B T H E E
W A I M P R O V I S A S I E
D C E K S P R E S S I E W E
H U M O R V G E H P D S L S
A K T R I S E P C R R Z U C
```

APPLOUS	SLIM
AKTEUR	PARODIE
AKTRISE	GEHOOR
NARRE	LAG
SNAAKS	GRAPPIES
PRET	TEATER
EKSPRESSIEWE	TELEVISIE
GENRE	HUMOR
IMPROVISASIE	

45 - Scuola #1

```
Y P B V P E N N E B O Z N T
W I S K U N D E A O Z K K D
K L A S K A M E R E A V H O
G E T A L L E Y L K X W V P
D I S Z D P V R I E N D E G
A J U D W M I D D A G E T E
S L L E S S E N A A R C Q H
E T F B I B L I O T E E K O
P W O A Q U I Z K J E C C U
F A J E B A N T W O O R D E
X M P P L E E K S A M E N S
T Y O I P O T L O O D W B U
X Z W M E R K E R S P F J F
B T D R O R J P R E T C T W
```

ALFABET	WISKUNDE
VRIENDE	POTLOOD
KLASKAMER	GETALLE
BIBLIOTEEK	PENNE
PAPIER	MIDDAGETE
DOPGEHOU	QUIZ
PRET	ANTWOORDE
EKSAMENS	LESSENAAR
BOEKE	STOEL
MERKERS	

46 - Fiori

```
B L O M B L A R E R D A C S
O H A L F O X O A M O W N O
O P I O E N L L P A V S A N
R A L B O E K E T G A L E N
G S L P I L A V E N T E L E
I S E J A S M Y N O L P P B
D I L H K G K T A L I L A L
E E I S V A E U Q I L U P O
E B E Z M R R L S A A M A M
A L D S I D U P L B K E W A
D O B A H E K L A W E R E I
R M P U X N E U Y B M I R W
M A D E L I E F I E U A Y B
V K J P A A R D E B L O E M
```

PAARDEBLOEM	BOEKET
GARDENIA	ORGIDEE
JASMYN	PAPAWER
LELIE	PASSIEBLOM
SONNEBLOM	PIOEN
HIBISKUS	BLOMBLARE
LAVENTEL	PLUMERIA
LILA	ROSE
MAGNOLIA	KLAWER
MADELIEFIE	TULP

47 - Ecologia

```
O O R L E W I N G H L H S U
W U L F K N L J N A T U U R
Z H I M L Z M P W B L L Y N
N P W A I D A G U I O P I A
F L Z R M I R L N T S B V T
D A E I A V S O N A Q R O U
Z N U E A E H B O T L O L U
Z T D N T R Q A U G X N H R
Z E L E A S Y L E O T N O L
D S F Z Z I O E M E Z E U I
M P L A N T E G R O E I B K
C W O S B E R G E S F H A E
B O R W W I L A U J H H R U
T L A M L T E S P E S I E S
```

KLIMAAT	NATUURLIKE
DIVERSITEIT	MARSH
FAUNA	PLANTE
FLORA	HULPBRONNE
GLOBALE	DROOGTE
HABITAT	OORLEWING
MARIENE	VOLHOUBARE
BERGE	SPESIES
NATUUR	PLANTEGROEI

48 - Discipline Scientifiche

```
P M I N E R A L O G I E T S
L P O E X J C T S Y I M E I
A B Y U V K H S O T M E R E
N E I R M R E Q S A M T M L
T K F O K X M Y I A U E O K
K O I L C X I P O L N O D U
U L S O S H E L L K O R I N
N O I G E I E P O U L O N D
D G O I W B U M G N O L A E
E I L E T X C P I D G O M H
G E O L O G I E E E I G I B
A R G E O L O G I E E I K C
M M I A N A T O M I E E A Q
P M E G A N I K A D Z N L Y
```

ANATOMIE
ARGEOLOGIE
BIOCHEMIE
PLANTKUNDE
CHEMIE
EKOLOGIE
FISIOLOGIE
GEOLOGIE
IMMUNOLOGIE

TAALKUNDE
MEGANIKA
METEOROLOGIE
MINERALOGIE
NEUROLOGIE
SIELKUNDE
SOSIOLOGIE
TERMODINAMIKA

49 - Scienza

```
B O R G A N I S M E Q I X E
Y Q N V U Z Z W C I S W T K
L S Z K L I M A A T P L W S
P M P T K H E A R W P A I P
Z S G T E M K R D U Z B C E
F O S S I E L T A T O O M R
E N M H L T T E T H A R O I
I C A I V O F K A I C A L M
T G Z T N D V R X P I T E E
B N U F U E F A O O G O K N
E W S U F U R G Q T J R U T
F I S I K A R A X E K I L C
E V O L U S I E L S G U E Y
A N D E E L T J I E S M S F
```

ATOOM	HIPOTESE
KLIMAAT	LABORATORIUM
DATA	METODE
EKSPERIMENT	MINERALE
EVOLUSIE	MOLEKULES
FEIT	NATUUR
FISIKA	ORGANISME
FOSSIEL	DEELTJIES
SWAARTEKRAG	

50 - Acqua

```
D R I N K B A A R F N I C R
M B Y V E R D A M P I N G E
S S O P G H G X Q L E M I Ë
T B O C O K O S E A A N E N
O W V G F J L U S B O K L T
R D P U J S W U T S L R S E
T N F U K Z E G R T W Y H V
B Y Q K L A M L O O V P D K
Y S K Y M G N R O O L H Y I
X K L A M E L A M M O V E T
M N R I V I E R A L E Z O B
S N E E U S Q R V L D C T V
X H V Q E E N U O R K A A N
N A E E G R G D G N T S C F
```

VLOED	SNEEU
KANAAL	OSEAAN
STORT	GOLWE
VERDAMPING	REËN
RIVIER	DRINKBAAR
STROOM	VOG
RYP	KLAM
GEISER	ORKAAN
YS	STOOM
MEER	

51 - Surf

```
K T M P R E T M T L S A K O
S P U I T G Y S T R A N D S
M X I F S O Y T S L W Q F E
D T T K V L W Y K F A D I A
B R E S A F C L U T T Z D A
H Z R G P M S I I U L Y H N
Q S S F H O P K M P E G B Y
V W T F W I E I A K E X H O
V E E X D Y X D O R T C I I
G E W I L D E Z M E E F Y G
C R I F X U Q H A V N S X X
S T E R K T E P A W C M O R
W V U Z Q V B E G I N N E R
A M A W E A N A R U N S Y I
```

ATLEET	GEWILDE
KAMPIOEN	BEGINNER
PRET	SKUIM
UITERSTE	RIF
SKARES	STRAND
STERKTE	SPUIT
WEER	STYL
OSEAAN	MAAG
GOLF	SPOED

52 - Imbarcazioni

```
T V K G E T Y O Z N G F N O
O L O E N C R S B E E D W F
U O N W J M S E I L B O O T
J T N S I E Q I G N O B Y R
B H A M N E Q L X A S E J I
M O S E E R M J X U E M A V
C F E R R Y N A J T A A B I
M I P I B F M G S I A N I E
A N K E R K B E I S N N W R
T G O L W E A M Q C K I G G
R Y U J M T C J Y H A N D H
O V C P M K O E A E N G R A
O V T M C X L E O K O C G E
S C Z A H T S P H L R Y X U
```

MAS	SEE
ANKER	GETY
SEILBOOT	MATROOS
BOEI	ENJIN
KANO	NAUTISCHE
TOU	OSEAAN
BEMANNING	GOLWE
RIVIER	FERRY
KAJAK	SEILJAG
MEER	VLOT

53 - Api

```
E T B T A V B W B M Q L T L
D K L T D O T A L E S B O P
I O O R O O K S O C S C L H
V S E S Q E O W M H N T X B
E Z I V I S R E M G V D B C
R T S O N S F R E I P S X V
S U E O S I T M H G L T K R
I I L R E S U E E S A U O U
T N P D K Z A H E U N I N G
E S L E F K U M V M T F I T
I U V L E R K E J S E M N E
T Q V I H A B I T A T E G V
W C T G Z W L O O F J E I R
B I P E T B B B T N K L N S
```

VLERKE	ROOK
KORF	TUIN
VOORDELIGE	HABITAT
WAS	INSEK
KOS	HEUNING
DIVERSITEIT	PLANTE
EKOSISTEEM	STUIFMEEL
BLOMME	KONINGIN
BLOEISEL	SWERM
VRUGTE	SON

54 - Conservazione

```
O A A S W L I V K H V O A E
H N P L A A G D O D E R U K
G A D B T R X G M Y R G D O
E J B E E G M R M W M A J S
S M D I R B T O E Y I N N I
O V Y M T W Y E R H N I A S
N M R Q S A Y N D F D E T T
D T G H H T T S C U E S U E
H A R E S I K L U S R E U E
E N D R W K L I M A A T R M
I T I W O I H G L O T W L J
D D A I P X N U T H M L I U
R Y C N V Z H G P D N V K L
B E S O E D E L I N G X E K
```

WATER	NATUURLIKE
OMGEWING	ORGANIESE
SIKLUS	PLAAGDODER
KLIMAAT	KOMMER
EKOSISTEEM	HERWIN
ONDERWYS	VERMINDER
HABITAT	GESONDHEID
BESOEDELING	GROEN

55 - Strumenti Musicali

```
H O B O L A S K L A V I E R
F H A R P M A N D O L I E N
B A S U I N K V I O O L H T
D I G K K V S Q V R B H K A
U R U O G N O J J N W A L M
R W O W T B F V F Q U R A B
M U U M G G O E C O A M R O
K T J E L L O C T D T O I E
E I L O O Z N U L N L N N R
L M T R O M B O N E F I E Y
U R B A N J O W Z D L C T N
P F R I A G O N G N U A P E
C O W P E R K U S S I E D F
M A R I M B A Y H Y T V Z K
```

HARMONICA	HOBO
HARP	PERKUSSIE
BANJO	KLAVIER
KITAAR	SAKSOFOON
KLARINET	TAMBOERYN
FAGOT	DROM
FLUIT	BASUIN
GONG	TROMBONE
MANDOLIEN	VIOOL
MARIMBA	TJELLO

56 - Professioni #2

```
P K A V K C A J R R B F T B
T V M R L H H X Y C I I A I
T U Z S K I L D E R O L A B
F U Y G V R E T N H L O L L
O J I E L U Z Ë B T O S K I
T O N N Z R D H N E O O U O
O E A E I G D P X I G O N T
G R V E A E Z P J N E F D E
R N O S L M R S Y L K R I K
A A R H T A N D A R T S G A
A L S E O N D E R W Y S E R
F I E E U I T V I N D E R I
L S R R I N G E N I E U R S
I L L U S T R E E R D E R Y
```

BIBLIOTEKARIS
BIOLOOG
CHIRURG
TANDARTS
FILOSOOF
FOTOGRAAF
TUINIER
JOERNALIS
ILLUSTREERDER

INGENIEUR
ONDERWYSER
UITVINDER
TAALKUNDIGE
GENEESHEER
VLIEËNIER
SKILDER
NAVORSER

57 - Letteratura

```
B I O G R A F I E A N P T I
H M E T A F O O R Y N O R H
V E R G E L Y K I N G Ë A N
S B C S I G H O O G F T G A
D A O Y Y Y I O A B R I E A
P R N E R F S U N E I E D U
M E P A K E B T E S T S I O
X A N A L I S E K K M E E T
G E D I G O G U D R E R I Y
D I A L O O G R O Y R Y M P
K R I T I E K I T W S T Y L
R P A E Y C W W E I X I G W
M J Z M H V O P I N I E K K
L A E A E X M W K G E N R E
```

ANALISE	METAFOOR
ANALOGIE	OPINIE
ANEKDOTE	GEDIG
OUTEUR	POËTIESE
BIOGRAFIE	RYM
VERGELYKING	RITME
KRITIEK	BOEK
BESKRYWING	STYL
DIALOOG	TEMA
GENRE	TRAGEDIE

58 - Cibo #2

```
Y P J Y I C R S Q N M Q L B
Z I O H E C Z J J M F S D R
Y E G E F U H O E N D E R O
E S U S Q X A K I W I L U O
I A R M S M M O E Y X D I D
E N T Q A A G L R G B E W Z
R G I T M P M A C G T R E J
V D V O P M P D Y V A Y R Y
R K Y X I H X E D A M T P E
U O B R O C C O L I A R Y S
G R X K E U J R A G T D F S
C I F G N A X M V L I H I B
U N W O Q K A A S I E Z I X
J G K E R S I E J I S B C F
```

PIESANG	BROOD
BROCCOLI	VIS
KERSIE	HOENDER
SJOKOLADE	TAMATIE
KAAS	HAM
SAMPIOEN	RYS
KORING	SELDERY
KIWI	EIER
APPEL	DRUIWE
EIERVRUG	JOGURT

59 - Nutrizione

```
H  W  Z  J  G  C  Z  K  P  U  B  H  Y  X
V  G  K  E  E  T  B  A  R  E  I  O  Q  V
Z  E  P  L  H  X  G  L  O  S  T  G  E  E
K  S  V  H  A  R  I  O  T  O  T  J  T  R
V  O  S  U  L  J  F  R  E  U  E  J  W  T
I  N  O  W  T  N  S  I  Ï  S  R  R  E  E
T  D  G  L  E  X  T  E  E  T  L  U  S  R
A  H  E  E  H  K  O  Ë  N  R  C  G  P  I
M  E  W  A  S  I  F  Q  E  V  D  N  E  N
I  I  I  K  U  O  D  I  E  E  T  M  S  G
E  D  G  U  F  O  N  R  S  B  X  D  E  A
N  A  C  H  V  H  R  D  A  A  B  L  R  O
I  V  O  E  D  I  N  G  S  T  O  F  Y  O
F  E  R  M  E  N  T  A  S  I  E  G  E  X
```

BITTER	GEWIG
EETLUS	PROTEÏENE
KALORIEË	GEHALTE
KOOLHIDRATE	SOUS
EETBARE	GESONDHEID
DIEET	GESOND
VERTERING	SPESERYE
FERMENTASIE	GIFSTOF
VOEDINGSTOF	VITAMIEN

60 - Matematica

```
Q O Q H V O M O O R M R V R
S O M D E U R S N E E E E A
Q A F D E L I N G B E G R D
W F F X L Q F V Z R T H G I
E X L N H D B K L E K O E U
V K N M O D E R H U U E L S
I D S K E M O S Y K N K Y V
E R P P K F T N I R D N K O
R I V N O D A R B M E V I L
K E H C N N J Z E Y A P N U
A H J H H O E K E K U L G M
N O L R E K E N K U N D E E
T E A S I M M E T R I E W B
E K P Z S Y P A R A L L E L
```

HOEKE
REKENKUNDE
DESIMALE
DEURSNEE
AFDELING
VERGELYKING
EKSPONENT
BREUK
MEETKUNDE
PARALLEL

OMTREK
VEELHOEK
VIERKANTE
RADIUS
REGHOEK
SIMMETRIE
SOM
DRIEHOEK
VOLUME

61 - Meditazione

```
V R E D E B B K A L M T L Z
G U D P T X E R B A L V G C
G C U O K O M W O N N P R V
M E U M V G O R E U J D P Q
W G E U C J S H Z G L J A X
A E X S S T I L T E I V H G
C D K I T G E E J G Y N O P
D A X E U E S P U A D A G O
E G O K Y V L J J K P T L S
E T G E L U K I H A M U P T
R E O D T F N H K Y I U H U
N S G E D A G T E E J R Z U
I D A N K B A A R H E I D R
S A S E M H A L I N G H U T
```

AANDAG	BEWEGING
KALM	MUSIEK
DEERNIS	NATUUR
EMOSIES	VREDE
GELUK	GEDAGTES
DANKBAARHEID	POSTUUR
GEESTELIKE	ASEMHALING
GEDAGTE	STILTE

62 - Estate

```
S  K  Y  S  D  B  A  X  J  D  M  O  V  H
A  P  A  B  T  O  O  T  M  N  U  N  R  E
N  O  E  M  O  E  T  U  I  S  S  T  E  R
D  A  O  L  P  K  R  Y  G  L  I  S  U  I
A  S  D  S  E  E  P  R  J  K  E  P  G  N
L  T  U  I  N  T  E  V  E  O  K  A  D  N
E  R  I  R  U  V  J  R  P  S  E  N  E  E
A  A  K  E  F  A  M  I  L  I  E  N  R  R
Z  N  Q  I  A  K  B  E  E  J  L  I  Y  I
H  D  R  S  Q  A  J  N  C  S  F  N  S  N
L  E  B  B  X  N  R  D  E  U  M  G  S  G
E  A  E  G  V  S  D  E  V  E  Z  J  J  E
G  B  A  S  J  I  L  H  N  T  I  Q  B  I
B  N  Z  L  M  E  U  I  R  U  V  V  L  H
```

VRIENDE	SEE
KAMPEER	MUSIEK
TUIS	HERINNERINGE
KOS	SANDALE
FAMILIE	STRAND
TUIN	STERRE
SPELETJIES	ONTSPANNING
VREUGDE	VAKANSIE
DUIK	REIS
BOEKE	

63 - Escursionismo

```
N A O X Z C V X C N B K C P
D U K R A N S S J B Z A M U
V S O N I G F B E R A A D N
W Q R E N Ë Q D P H W R I U
G E V A R E N M B W A T E R
Z L Y J N L L T N B P O R K
Q D W S Z V B P A R K E E A
E K I W T W C W T S L V S M
Y L L X M E W B U B I D W P
G I D S E O W V U E M E A E
M P E L Q M E E R R A Z A E
E P X B N S A G L G A T R R
Z E E U C I D Y N S T N O K
V O O R B E R E I D I N G E
```

WATER	GEVARE
DIERE	SWAAR
KAMPEER	KLIPPE
KLIMAAT	VOORBEREIDING
GIDSE	KRANS
KAART	WILDE
BERG	SON
NATUUR	MOEG
ORIËNTASIE	STEWELS
PARKE	BERAAD

64 - Professioni #1

```
K R A P T E K E R N F M W A
A S I M R J A G T E R U E M
R T H B Z O O B O O S S T B
T E T B N C K X I Z I I E A
O R A Q V Z Z U L W E K N S
G R E V F Z A J R G L A S S
R E D A K T E U R E K N K A
A K I V B L W W Q O U T A D
A U S D A N S E R L N R P E
F N G J N Y H L Z O D Q L U
T D W H K F W I Y O I D I R
P I A N I S S E X G G B K N
G G Y D E C G R T I E W E I
O E V E R P L E E G S T E R
```

AMBASSADEUR
STERREKUNDIGE
PROKUREUR
DANSER
BANKIER
JAGTER
KARTOGRAAF
REDAKTEUR

APTEKER
GEOLOOG
JUWELIER
VERPLEEGSTER
MUSIKANT
PIANIS
SIELKUNDIGE
WETENSKAPLIKE

65 - Antartide

```
T E M P E R A T U U R W M A
M M I N E R A L E Y S A J A
E I P X I K W D E H W L S R
K K G J J B O L I N E V K D
S O N R Y H L I L H T I I R
P N R Q A A K I A G E S E Y
E T B B G S E T N I N S R K
D I Y V R N I E D F S E E S
I N K Z W T L E E N K J I K
S E B E W A R I N G A L L U
I N N A V O R S E R P Q A N
E T M H A W A T E R L V N D
O M G E W I N G T Z I K D E
G L E T S E R S M H K N P L
```

WATER	EILANDE
OMGEWING	MIGRASIE
BAAI	MINERALE
WALVISSE	WOLKE
BEWARING	SKIEREILAND
KONTINENT	NAVORSER
AARDRYKSKUNDE	WETENSKAPLIK
GLETSERS	EKSPEDISIE
YS	TEMPERATUUR

66 - Libri

```
F I A V O N T U U R P L K T
G R F H I L E S E R O I O R
E E B I B N P P H W Ë T N A
S L Q S V L D W M M S E T G
K E U T V N A I R I I R E I
R V B O E K I D N T E Ê K E
Y A K R R E E K S G L R S S
F N O I T U H P T Y R E Q A
E T U E E L D U O Q K Y H N
P S T S L V Z D R W E W K N
I Q E E L N U M I Y B D M E
E V U Q E U J B E H W Y V F
S M R B R D U A L I T E I T
E V E R S A M E L I N G Q V
```

OUTEUR	BLADSY
AVONTUUR	POËSIE
VERSAMELING	RELEVANT
KONTEKS	BOEK
DUALITEIT	GESKRYF
EPIESE	REEKS
VINDINGRYKE	STORIE
LITERÊRE	HISTORIESE
LESER	TRAGIES
VERTELLER	

67 - Geografia

```
S S F E K P S O Z K U H L K
D T W L T U U H R H G A E O
J U R L A T I T U D E L N N
H N V E X U D U B V B F G T
N O F Q E A H Q E B I R T I
H O O U W K D F R J E O E N
H R G G E Y Y T G E D N G E
X D L M T S T A D E F D R N
F Z N X C E E I L A N D A T
R I V I E R W E S A U Y A I
M E R I D I A A N T L U D U
K A A R T D H E E L A L F Z
U O B F Q X M G B A N Z T S
B W G D G Y L U E S D G Q P
```

HOOGTE	SEE
ATLAS	MERIDIAAN
STAD	HEELAL
KONTINENT	BERG
HALFROND	NOORD
RIVIER	WES
EILAND	LAND
LATITUDE	STREEK
LENGTEGRAAD	SUID
KAART	GEBIED

68 - Cibo #1

```
T S G B C Z Z V K X A K E G
P U I U S L A A I C L N X F
E U N N O W P Z A F K O E K
E R S A U M E L K R K F S A
R L R F T D Z Q M G B F A W
W E K A T G V J R A N E P V
O M D G A R S B I R E L I L
R O Q Q S P I N A S I E G E
T E K R U I S E M E N T J I
E N Y O T A U H V U T U C S
L B A S I L I E K R U I D I
K A N E E L K G G I U F I D
I H X L N Z E J Z V I H F I
Q C H I V K R K O A F G J V
```

KNOFFEL	KRUISEMENT
BASILIEKRUID	GARS
KANEEL	PEER
VLEIS	RAAP
WORTEL	SOUT
UI	SPINASIE
AARBEI	SAP
SLAAI	TUNA
MELK	KOEK
SUURLEMOEN	SUIKER

69 - Aeroplani

```
W N K O N S T R U K S I E L
B R A N D S T O F V D R T C
R P N V W A T E R S T O F H
G E S K I E D E N I S B L O
V A R X B G W J G U H Q N O
L T A I D Y E L A N D I N G
I M V B G Z N E B D N F J T
E O O A D T J Q R L T E J E
Ë S N L G G I Y W Y A F G Y
N F T L K Z N N X H F A I Y
I E U O L U G F G L I P S R
E E U N O H O Y A F K O M S
R R R B E M A N N I N G V Z
Q M M C N O N T W E R P R V
```

HOOGTE	AFKOMS
LUG	BEMANNING
ATMOSFEER	BLAAS
LANDING	WATERSTOF
AVONTUUR	ENJIN
BRANDSTOF	NAVIGEER
KONSTRUKSIE	BALLON
ONTWERP	VLIEËNIER
RIGTING	GESKIEDENIS

70 - Pirati

```
V L E G E N D E D O M D R L
W I A G K M F P K K I I G H
T T J S L E G T E G P P A Z
I T J W P B E N K O M P A S
B E M A N N I N G R K A C P
G K F A C E Q S K U A V Q S
N E J R G O U D A M P O Q P
P N V D G R O T A M T N V A
S T R A N D V X R U E T L P
A D O K A P U D T N I U A E
S N Q C S R Z N H T N U G G
D G K E I L A N D E O R F A
C F X E S K A T Z M E Q E A
K D L M R X N A V A B C M I
```

ANKER	LEGENDE
AVONTUUR	KAART
VLAG	MUNTE
KOMPAS	GOUD
KAPTEIN	PAPEGAAI
SLEGTE	GEVAAR
LITTEKEN	RUM
BEMANNING	SWAARD
GROT	STRAND
EILAND	SKAT

71 - Colori

```
M F G Y A N F U P E R S W O
X A S V A O P C Z E P W O R
J R G S S Y Q L G L L A H A
N K F E F I N D I G O R S N
F S E P N U A C B N G T B J
K J W I T T C A B L O U S E
B G U A H Z A H N P I E N K
R C S A W R U O S U A U W S
U F E G R O E N R I O R Q U
I K E R G E E L P T A O Z M
N Y O Y A L B R R X W O L B
C H Q S S Y T F W E G I X B
S B C G Q J I B Y V O H L U
I X B R E B E I G E P E S S
```

ORANJE	MAGENTA
BEIGE	BRUIN
WIT	SWART
BLOU	PIENK
SIAAN	ROOI
FUCHSIA	SEPIA
GEEL	GROEN
GRYS	PERS
INDIGO	

72 - Spiaggia

```
S D E S K R A P G E H M K I
V D I A S E I L B O O T U T
O N L N S E E F S Z C S S S
L A A D O T S A M B R E E L
P K N A C R N K S F W S R O
O L D L Y V H A N D D O E K
S H O E C A K B N O B S I H
E M K G F K C O E D K T D O
A X J Y T A I O I E M J A V
A B B V T N J T E C S E R H
N V L D M S W Z R E A Y E B
M Z E O A I N H N V N U F R
U M O F U E I U Z N D F I X
L A C U G A V Y U D C R N Z
```

HANDDOEK	SEE
BOOT	OSEAAN
SEILBOOT	SAMBREEL
BLOU	SAND
KUS	SANDALE
DOK	RIF
KRAP	SON
EILAND	VAKANSIE
STRANDMEER	

73 - Avventura

```
H X W X N A V I G A S I E R
M G V N V R I E N D E V N E
G E L E E N T H E I D O T I
N V T N Y U U X W D F O O S
V A U O X L F W U A R E U
R A T P N P C E E V I B S I
E R V U A K T I W I T E I T
U L M C U S I E X P D R A S
G I R P C R I M M E A E S T
D K O N G E W O N E G I M A
E R E I S P L A N E I D E P
S K O O N H E I D O N I L P
D A P P E R H E I D G N F I
D P P R O B L E M E S G G E
```

VRIENDE	REISPLAN
AKTIWITEIT	NATUUR
SKOONHEID	NAVIGASIE
DAPPERHEID	NUWE
PROBLEME	GELEENTHEID
ENTOESIASME	GEVAARLIK
UITSTAPPIE	VOORBEREIDING
VREUGDE	UITDAGINGS
ONGEWONE	REIS

74 - Forme

```
O P C K V V W O A L R E S S
K U R W E J A B T J Z F I I
A B V I E R K A N T E L L G
N W J H S W O P H D T N I V
T Q Q H I M C F I L V R N M
K D U S R L A G P N E G D Y
Q E Z C K Y X V E T E L E S
K K Ë C E N E B R D L I R R
U A E L L I P S B O H O E K
B D N S F E E R O V O D G G
U S F T P G P I O A E C H S
S H V I E J W I L A K J O C
D R I E H O E K D L E C E R
P I R A M I D E X Z Q N K F
```

HOEK	KANT
LNR	LYN
KANTE	OVAAL
SIRKEL	PIRAMIDE
SILINDER	VEELHOEK
KEËL	PRISMA
KUBUS	VIERKANTE
KURWE	REGHOEK
ELLIPS	SFEER
HIPERBOOL	DRIEHOEK

75 - Oceano

```
S G S B O D B Q B C A R H M
H E A R Z O O O H P P M W N
B T W R N W U X O P A V H V
I Y A Y N T I O G T L Z G O
L E L I B A D H U U I J K U
W V V I S T L R J N N B K Y
R G I Y Z D R E U A G F M S
P E S P O N S S K I L P A D
H A A I D O L F Y N E W K Y
G O E S T E R S T O R M O Y
G O K R A P J R K B M A R V
J E L L I E V I S O U T A K
C L H W F N Y F W N K Z A M
N Y O S E E K A T W Y A L J
```

PALING	OESTER
WALVIS	VIS
BOOT	SEEKAT
KORAAL	SOUT
DOLFYN	RIF
GARNALE	SPONS
KRAP	HAAI
GETYE	SKILPAD
JELLIEVIS	STORM
GOLWE	TUNA

76 - Famiglia

```
J S Q O B R K O U P A O T G
E S F I Z B I U G X W D U V
M O E D E R N C N N E V B A
U X Q O T O D K M K M C F D
B M A G W E E Z I I A Z H E
S U S T E R R T A N N I E R
N Z Y E E Y S N Y D D S T C
N E I R L V C O J E V D J G
N I E Y I R V O O R O U E R
E K G F N O U M A J U E A J
M F W G G U R H U A T C Z U
A G G W I V A D E R L I K E
U Q D J Q E I U G E F R N Y
E M R S F X R I Z I Z M S I
```

VOOROUER	VROU
KINDERS	NEEF
KIND	NIGGIE
DOGTER	OUMA
BROER	OUPA
TWEELING	VADER
KINDERJARE	VADERLIKE
MA	SUSTER
MAN	TANNIE
MOEDER	OOM

77 - Veicoli

```
G Q O G E T W O E F T A X I
F U F O A G K K N J R J W C
Q S I V C H I N J F E R R Y
K C E L V E K C I H K M H T
M O T O R L B A N E K E T E
D O S T A I I O R T E T A P
U T I O G K G E O A R R S B
I E W C M O D P G T V O S Z
K R F B O P G I V T O A T V
B U S K T T B O H S U R A B
O Y J J O E B D U A M I X N
O P K W R R D U K N C Q G K
T R E I N K A M B U L A N S
V U U R P Y L B A N D E U F
```

VLIEGTUIG
AMBULANS
MOTOR
BUS
BOOT
FIETS
VRAGMOTOR
KARAVAAN
HELIKOPTER
METRO

ENJIN
BANDE
VUURPYL
SCOOTER
DUIKBOOT
TAXI
FERRY
TREKKER
TREIN
VLOT

78 - Emozioni

```
T E V R E D E V E R R A S O
N E V R E D E E R Q K H I N
K V E V H O H R U I A A M T
K M Z R K P O L S N L R P S
A D K E H G E E T H M T A P
V O G U A E L Ë I O D S T A
W K U G R W I Y G U G E I N
U O E D U O E D H D H E E N
K U E E G N F R E B A R D E
N J F D T D D D I B L I S S
D E H L E E E A D V R E E S
F X U V E R L I G T I N G U
B D A N K B A A R X U R S B
V E R V E L I N G L P Z B I
```

LIEFDE	VREES
BLISS	WOEDE
KALM	ONTSPANNE
INHOUD	VERLIGTING
OPGEWONDE	SIMPATIE
VREUGDE	TEVREDE
DANKBAAR	VERRAS
VERLEË	TEERHEID
VERVELING	RUSTIGHEID
VREDE	HARTSEER

79 - Natura

```
T D W L C F Z S R M L Q A B
R I O I W D W K I I M I S X
O N E L L E Q O G L V N N Y
P A S H I D H O L S C I X S
I M T W B Y E N E K R S E K
E I Y V L J I H T U E M R R
S E N P A T L E S I N B O E
Z S T Y R M I I E L M M S M
B O S V E K G D R I X D I X
C K F L L J D X S N A I E Q
S T M D X W O V E G F E C E
B E R G E V M U J R L R G I
A R K T I E S E Q J N E D M
N L A U R U S T I G E K J U
```

DIERE	GLETSER
BYE	BERGE
ARKTIESE	MIS
SKOONHEID	WOLKE
WOESTYN	SKUILING
DINAMIES	HEILIGDOM
EROSIE	WILDE
RIVIER	RUSTIGE
BLARE	TROPIES
BOS	

80 - Balletto

```
A G E B A A R W C R C A O B
O R Y X D M U E G E H P R A
E M T I A C Y O E P O P K E
F U D I N P V Z H E R L E K
E S V D S T Y L O T E O S S
N I P T E T U Y O I O U P P
L E D K R R I H R S G S I R
G K F Z S V C E Y I R Y E E
R I T M E X J S K E A O R S
B A L L E R I N A E F L E S
D Q O T K O M P O N I S L I
Z C G A B G R A S I E U S E
V A A R D I G H E I D L W W
I N T E N S I T E I T T N E
```

VAARDIGHEID	INTENSITEIT
APPLOUS	SPIERE
ARTISTIEKE	MUSIEK
BALLERINA	ORKES
DANSERS	OEFEN
KOMPONIS	REPETISIE
CHOREOGRAFIE	GEHOOR
EKSPRESSIEWE	RITME
GEBAAR	STYL
GRASIEUSE	

81 - Castelli

```
W W N N E J Q A G D R W G K
K A M U U R U K K J R V Q M
R V P R I N S E S W A A R D
O S E E Q K S T D Y B S A Z
O J R D N W A R I D D E R K
N U D E R R D T N S K I L D
A K F L T X U D A D F K N V
T O R I N G C S S P P J I E
P D Y Y J P J I T I U V P S
Q P K D Q A N A I I X L I T
P R I N S L V M E J N U T I
A E V G F E O D A L E G D N
Y B K O N I N K R Y K D S G
J F I L W S B U F F E L G C
```

WAPENRUSTING	EDEL
KATAPULT	PALEIS
RIDDER	MUUR
PERD	PRINS
KROON	PRINSES
DINASTIE	KONINKRYK
DRAAK	SKILD
FEODALE	SWAARD
VESTING	TORING
RYK	BUFFEL

82 - Campionato

```
F U S P A N S W E E T J M D
H I H P P R E S T A S I E R
S T N K E A K Q Z S X D M E
T H A A D L T O E R N O O I
R O F M L M E D A L J E T O
A U R P V I D T M O Q Y I O
T V I I X K S E J L F Z V R
E E G O M H A T B I G Z E W
G R T E N M M M S V E Y R I
I M E N Q D D K P M O S I N
E O R S A J A L O I Y E N N
O Ë K K Y J G I R O O I G I
B A F A G R E G T E R E H N
T U X P E N S A G W X Q N G
```

AFRIGTER	PRESTASIE
KAMPIOENSKAP	UITHOUVERMOË
KAMPIOEN	SPORT
FINALIS	SPAN
SPELETJIES	STRATEGIE
REGTER	SWEET
LIGA	TOERNOOI
MEDALJE	OORWINNING
MOTIVERING	

83 - Foresta Pluviale

```
A  M  F  I  B  I  E  Ë  H  I  C  E  W  V
K  O  P  N  C  D  Q  Y  E  N  B  I  A  O
O  S  T  H  H  F  C  B  R  S  K  A  A  Ë
O  R  R  E  S  P  E  K  S  E  L  Y  R  L
R  B  T  E  W  S  W  Z  T  K  I  R  D  S
L  C  W  M  U  F  P  Y  E  T  M  G  E  O
E  B  V  S  A  H  N  E  L  E  A  I  V  O
W  E  G  E  M  E  E  N  S  K  A  P  O  G
I  W  O  L  K  E  Q  W  K  I  T  L  L  D
N  A  T  U  U  R  T  L  T  P  E  U  L  I
G  R  H  T  O  E  V  L  U  G  D  S  E  E
D  I  V  E  R  S  I  T  E  I  T  P  T  R
U  N  P  Y  K  B  O  T  A  N  I  E  S  E
J  G  O  K  B  E  O  D  B  O  T  A  W  L
```

AMFIBIEË	WOLKE
BOTANIESE	BEWARING
KLIMAAT	WAARDEVOLLE
GEMEENSKAP	HERSTEL
DIVERSITEIT	TOEVLUG
INHEEMSE	RESPEK
INSEKTE	OORLEWING
SOOGDIERE	SPESIES
MOS	VOËLS
NATUUR	

84 - Edifici

```
H  K  A  J  U  I  T  H  P  S  S  L  C  S
X  O  A  R  Q  G  E  O  L  U  K  A  J  U
U  K  S  S  Y  I  N  T  A  M  O  B  E  P
M  O  T  P  T  W  T  E  A  U  O  O  A  E
Z  Y  A  K  I  E  D  L  S  S  L  R  L  R
T  F  D  O  S  T  E  R  R  E  W  A  G  M
E  C  I  S  Y  O  A  L  U  U  X  T  X  A
A  A  O  H  U  R  A  A  Q  M  Q  O  U  R
T  O  N  U  Q  I  O  R  L  A  J  R  O  K
E  X  W  I  I  N  S  F  A  B  R  I  E  K
R  K  D  S  N  G  C  Y  R  E  K  U  M  J
W  O  O  N  S  T  E  L  P  U  A  M  I  U
A  M  B  A  S  S  A  D  E  X  L  U  Z  U
I  C  D  S  K  U  U  R  D  H  Z  C  A  R
```

AMBASSADE	HOSPITAAL
WOONSTEL	STERREWAG
KAJUIT	KOSHUIS
KASTEEL	SKOOL
FABRIEK	STADION
PLAAS	SUPERMARK
SKUUR	TEATER
HOTEL	TENT
LABORATORIUM	TORING
MUSEUM	

85 - Paesi #2

```
J  L  I  E  R  L  A  N  D  A  H  I  O  T
J  P  A  X  A  D  E  N  E  M  A  R  K  E
A  A  A  O  T  L  D  V  Q  N  Ï  U  W  I
M  E  P  R  S  O  B  A  C  W  T  M  N  Y
A  T  A  A  G  E  A  A  A  A  I  X  H  M
I  H  K  P  N  K  Q  B  N  N  E  P  A  L
K  I  I  S  I  R  I  Ë  I  I  K  H  M  L
A  O  S  M  A  A  X  F  G  G  Ë  A  E  I
H  P  T  U  E  Ï  S  O  E  D  A  N  X  B
U  I  A  D  Q  N  B  N  R  J  S  S  I  E
I  Ë  N  H  D  E  E  M  I  L  O  T  K  R
I  N  D  O  N  E  S  I  Ë  P  A  J  O  I
C  I  L  E  H  R  U  S  L  A  N  D  R  Ë
Q  I  G  R  I  E  K  E  L  A  N  D  H  W
```

ALBANIË	LIBERIË
DENEMARKE	MEXIKO
ETHIOPIË	NEPAL
JAMAIKA	NIGERIË
JAPAN	PAKISTAN
GRIEKELAND	RUSLAND
HAÏTI	SIRIË
INDONESIË	SOEDAN
IERLAND	OEKRAÏNE
LAOS	

86 - Tipi di Capelli

```
D O E V J P U Z B R C H P K
U T V L E G S E L S L N G R
N Y D S K O R T O V Y F D U
C B S Z R J H V N Z G P B L
Z I T A U P E S D D E G K L
U X I X L E Q W I E O E G E
Y J C R L H F W K L S K P R
K J F G E V L E G Q W L Y I
G R Y S G L A D Z H A E L G
M S O I M T D R O Ë R U R E
S A G T E L O O X L T R W V
Y O W P G E S O N D E D I A
V K L A N K B R U I N E T I
K A A L F B W I X H G M Y I
```

SILWER	LANK
DROË	BRUIN
WIT	SAGTE
BLOND	SWART
KORT	KRULLERIGE
KAAL	KRULLE
GEKLEURDE	GESOND
GRYS	DUN
GEVLEG	DIK
GLAD	VLEGSELS

87 - Vestiti

```
B V G O R D E L T Y S P A U
R A O T R U I P F G A J A Y
O P A O O S M W P J N A N H
E H W D R G K F Q R D S T A
K M G T J S H O E D A E R N
S E R P I I K G E V L F E D
Q V X K X N E O F N E A K S
P A J A M A S D O H E M P K
K Q K Q O S P E T T U B N O
I R T R D B I N V U Q L P E
G U K G E O P I O Q Y O Y N
A R M B A N D M W E C E F E
R T U O R O K Z F X S S N Y
Z M N S H A L S S N O E R W
```

AANTREK	VOORSKOOT
ARMBAND	HANDSKOENE
BLOES	DENIM
HEMP	TRUI
HOED	MODE
JAS	BROEK
GORDEL	PAJAMAS
HALSSNOER	SANDALE
BAADJIE	SKOEN
ROK	SERP

88 - Attività e Tempo Libero

```
A S R G X G S O K K E R T S
I B C E V G K U N S G N U T
B O K S I V I S V A N G P O
B A C T I S L L K Z M H Y K
U O S T T D G A N Y O P P
D B F K S D E P M Z Y L B E
U G B B E I R A P M T F I R
I Y Y X A T Y G E O U K N D
K W J G Z L B A E N I A K J
S T A P K L M A R T N F O I
N A V I G E E R L S M S P E
T E N N I S C D V P A B I S
V L U G B A L X L A A Y E T
S W E M I I U S I N K V S N
```

KUNS   DUIK
BOFBAL   SWEM
BASKETBAL   VLUGBAL
BOKS   VISVANG
SOKKER   SKILDERY
KAMPEER   ONTSPAN
STAP   INKOPIES
TUINMAAK   NAVIGEER
GHOLF   TENNIS
STOKPERDJIES   REIS

89 - Tecnologia

```
B J V N A V O R S I N G R V
F O N T H F H M A P V U E I
T M O G R E P E G O I C K R
N U H D R W I N T E R N E T
Y S V Z S J A O E S U V N U
M N S I K K X M W W S F A E
K D P O E D A T A N Y Z A L
M I R P R R D P R W W S R E
U G B H M Z A H E X V Y E G
A I V B L O G J H F Z L C R
S T A T I S T I E K E Ê W Z
K A M E R A P V A R H E J Q
E L E S E R V W M J W R F G
S E K U R I T E I T F F C N
```

BLOG	BOODSKAP
LESER	NAVORSING
GREPE	SKERM
REKENAAR	SEKURITEIT
WYSER	SAGTEWARE
DATA	STATISTIEKE
DIGITALE	KAMERA
LÊER	VIRTUELE
FONT	VIRUS
INTERNET	

90 - Arte

```
E O S I M B O O L M L K B S
E N K F N Z P O Ë S I E E A
N D I I X M R O V U M R E M
V E L G U E E R L I K A L E
O R D U T P Z S A T W M D S
U W E U S K E P M D L I H T
D E R R A O Y R B R C E O E
I R Y T Z M Q O P U F K U L
G P E J G P B N G K F Q W L
E T I X L L V K Z K U E E I
I U I T B E E L D I N G R N
H S I O U K Z I V N J L K G
A V E E I S T K M G I J V B
T J Y S U R R E A L I S M E
```

KERAMIEK	POËSIE
KOMPLEKS	UITBEELDING
SAMESTELLING	BEELDHOUWERK
SKEP	EENVOUDIGE
SKILDERYE	SIMBOOL
UITDRUKKING	ONDERWERP
FIGUUR	SURREALISME
EERLIK	BUI
OORSPRONKLIKE	

91 - Meteo

```
T O R N A D O A R Y L J K Q
B N Q V P O L Ê R E U R G L
V N H R T N Q I U Y G C B I
R Q K E I D R E Ë N B O O G
X Q C Ë N E B X G B N X K D
I H S N W R M K N A Q J M R
D R O O G W W L A W N C I O
O K U I J E U I R W C G S O
B L I K S E M M N W O L K G
S A U X C R J A Z D B K X T
O R K A A N I A F A R A R E
T R O P I E S T O R M L U S
T E M P E R A T U U R M B P
Z N I A T M O S F E E R Y S
```

REËNBOOG	WOLK
DROOG	POLÊRE
ATMOSFEER	DROOGTE
KALM	TEMPERATUUR
LUG	STORM
KLIMAAT	TORNADO
BLIKSEM	TROPIES
YS	DONDERWEER
REËN	ORKAAN
MIS	WIND

92 - Corpo Umano

```
Y O U M T X G D A E C H N G
X S K O U E R E H M T A E K
K L O N O M J S A P A R U E
M P P D B R E I N E K T S N
V S B A L E V Y D V O N V U
H I V Y O O G E S I G G Q P
U E N K E L G L L G O F E K
Q Z A G D B D M A A G R W M
O S H J E E V B E E N E M B
I I D V Q R G O P A R H F B
S V S P U T M O O Y P T R D
J A N X U O D G R C L U O V
A N B U T Z H V M Z Q R G D
X S Q K N I E C K T T P G Q
```

MOND	HAND
ENKEL	KEN
BREIN	NEUS
NEK	OOG
HART	OOR
VINGER	VEL
GESIG	BLOED
BEEN	SKOUER
KNIE	MAAG
ELMBOOG	KOP

93 - Mammiferi

```
N T D W M H O L I F A N T J
N H Y O T C O Y O T E B A A
K A T L L D D N Z L F U K K
F A B F Z F K E D E C L B K
S S E V A L Y S N E F O O A
S P E R D A W N K U F O K L
G O R I L L A W S A E H K S
L E O D L Q D A M O P G E M
R X R D G E O L I T S E O M
G E R J L M M V X H E X A M
L E J E L J X I A M B M A A
I S F W G L J S A R R T P J
K A M E E L P E R D A H U G
K A N G A R O E T X R E A F
```

WALVIS	KAMEELPERD
HOND	GORILLA
KANGAROE	LEEU
PERD	WOLF
TAKBOKKE	BEER
HAAS	SKAPE
COYOTE	AAP
DOLFYN	BUL
OLIFANT	JAKKALS
KAT	SEBRA

94 - Arrampicata

```
S A T M O S F E E R B M U T
T B B X Y T G L O E E T Q W
A S R O Z A I R Y V S F W O
B L T H F P D X O R E D J K
I B E E T R S H P T R R O I
L H V L W K E A L D I A J Z
I C O M K E N N E R N J M B
T W S O L A L D I M G J J F
E V V U G C W S D K A A R T
I N M P O T C K I V T Y L D
T E M Q R V E O N S M A L W
F I S I E S E E G Q X G E W
S T E R K T E N Z K A D G S
T E R R E I N E S F E S J Q
```

HOOGTE	HANDSKOENE
ATMOSFEER	GIDSE
HELM	BESERING
STAP	KAART
KENNER	STABILITEIT
FISIES	STEWELS
OPLEIDING	SMAL
STERKTE	TERREIN
GROT	

95 - Animali Domestici

```
W  Y  K  P  C  K  M  K  P  K  A  S  Z  M
R  V  E  E  A  R  T  S  U  A  Z  K  P  W
I  Z  E  W  W  P  F  M  G  T  H  I  A  Q
A  N  J  X  P  V  E  H  L  J  O  L  Y  X
A  K  K  E  D  I  S  G  B  I  N  P  A  B
K  R  A  A  G  S  S  C  A  E  D  A  P  S
H  M  T  P  O  T  E  Z  I  A  J  D  K  T
W  M  M  I  S  P  W  H  U  L  I  P  O  E
A  R  U  L  E  I  B  A  N  D  E  E  E  R
T  R  G  I  S  F  O  M  W  E  U  U  I  T
E  K  B  Q  S  B  K  S  H  K  Q  K  L  W
R  D  V  R  C  F  G  T  A  O  M  D  O  Y
G  I  D  M  U  T  P  E  A  S  N  G  L  I
V  C  P  U  J  B  W  R  S  P  M  D  G  E
```

WATER	KAT
HOND	LEIBAND
BOK	AKKEDIS
KOS	KOEI
STERT	PAPEGAAI
KRAAG	VIS
HAAS	SKILPAD
HAMSTER	MUIS
HONDJIE	VEEARTS
KATJIE	POTE

96 - Cucina

```
T  S  W  T  M  D  A  H  O  A  P  Z  W  Z
S  G  M  E  S  S  E  P  O  K  T  J  V  S
Y  S  K  A  S  Y  K  O  N  J  E  A  Y  P
A  J  E  V  I  Z  O  T  D  J  C  X  L  E
Q  P  T  O  D  F  P  N  S  P  O  N  S  S
C  Y  E  O  V  D  P  K  U  A  C  S  J  E
S  Z  L  R  R  S  I  L  P  O  L  K  R  R
B  B  E  S  I  E  E  H  G  Q  S  E  H  Y
V  E  P  K  E  B  S  R  B  A  K  P  T  E
U  K  E  O  S  L  R  E  V  R  O  L  A  O
R  E  L  O  K  I  H  A  P  E  S  E  H  P
K  R  S  T  A  B  A  B  A  U  T  P  E  F
E  K  O  X  S  E  I  W  V  I  U  E  V  U
E  E  T  S  T  O  K  K  I  E  S  L  C  P
```

EETSTOKKIES	YSKAS
KETEL	VOORSKOOT
BEKER	BRAAI
KOS	SKEPLEPEL
BAK	RESEP
MESSE	SPESERYE
VRIESKAS	SPONS
LEPELS	KOPPIES
VURKE	SERVET
OOND	POT

97 - Vacanze #2

```
A P Z C C N N L O Q L E R H
T S F E U H W X E S U I E O
M A P A S P O O R T G L S T
O K X V E R V O E R H A T E
K X F I E M V O M A A N A L
A W U O K A A R T N W D U L
M B U I T E L A N D E R R L
P V B S E O B N O R Q D A F
E I Z O N T S P A N N I N G
E S J Z T R E I N W X H T S
R A B E S T E M M I N G M L
S J C L X T T I K A D T L M
V A K A N S I E S B A W E Z
T Y Q A M S N M T K Y P W M
```

LUGHAWE	STRAND
KAMPEER	BUITELANDER
BESTEMMING	TAXI
FOTO'S	ONTSPANNING
HOTEL	TENT
EILAND	VERVOER
KAART	TREIN
SEE	VAKANSIE
PASPOORT	REIS
RESTAURANT	VISA

98 - Attività

```
H V W Z S Y J A U X M I Z M
Z A I T T P W B D R Y A B R
K K N S R T E P L E S I E R
E U D D V X V L U L L N L A
R N A V W A C U E W K A A A
A S N X R E N D W T V K N I
M W S J C W R G Z U J T G S
I I M H F N P K I I A I E E
E X L E E S T M J N G W E L
K K A M P E E R F M S I Q S
T O W E R K U N S A T T F I
N A A L D W E R K A A E R T
H C J T G F K I F K P I M M
V A A R D I G H E I D T F J
```

VAARDIGHEID	STAP
KUNS	TUINMAAK
HANDWERK	SPELETJIES
AKTIWITEIT	BELANGE
JAG	LEES
KAMPEER	TOWERKUNS
KERAMIEK	VISVANG
NAALDWERK	PLESIER
DANS	RAAISELS

99 - Forniture Artistiche

```
Y J X Z W R H J G B W S K U
B J A K R I E L K F A S R I
P O T L O D E H K L T N E T
A I R Q A E U T A B E L A V
P P A S T E L V M W R I T E
I J D I E S T O E L U Q I Ë
E N N N U L L E R W Q L W R
R L Q K A U S E A U H V I P
W A T E R V E R F Y V Z T Y
H O U T S K O O L Z M V E N
K L E U R E K Y Z Z J A I S
R I P Q Z X L X S R O E T Q
D E N S U H P Z C G O M C Q
U T D I W W W N Q L X C V R
```

WATER	UITVEËR
WATERVERF	IDEES
AKRIEL	INK
KLEI	POTLODE
HOUTSKOOL	OLIE
PAPIER	PASTEL
ESEL	STOEL
GOM	BORSELS
KLEURE	TABEL
KREATIWITEIT	KAMERA

100 - Misurazioni

```
R  R  L  S  H  C  H  T  Z  B  L  H  P  O
K  Z  I  E  K  I  L  O  G  R  A  M  I  N
A  Q  T  J  N  O  M  N  O  Z  Q  M  N  S
S  O  E  B  W  G  E  W  I  G  B  Y  T  E
L  H  R  V  J  R  T  K  F  M  T  C  D  B
D  C  Y  K  U  A  E  E  X  Q  N  E  E  R
H  U  A  H  B  M  R  G  R  A  A  D  S  E
P  K  I  L  O  M  E  T  E  R  Z  X  I  E
C  C  D  M  R  V  J  M  R  T  J  V  M  D
Q  W  I  W  O  I  F  M  X  C  H  O  A  T
V  S  E  N  T  I  M  E  T  E  R  L  L  E
W  W  P  Z  E  B  F  L  G  E  I  U  E  K
N  W  T  J  V  M  I  N  U  U  T  M  U  R
G  E  E  Z  G  O  I  I  S  O  W  E  P  V
```

HOOGTE	LENGTE
BYTE	METER
SENTIMETER	MINUUT
KILOGRAM	ONS
KILOMETER	GEWIG
DESIMALE	PINT
GRAAD	DUIM
GRAM	DIEPTE
BREEDTE	TON
LITER	VOLUME

1 - Scacchi

2 - Aggettivi #2

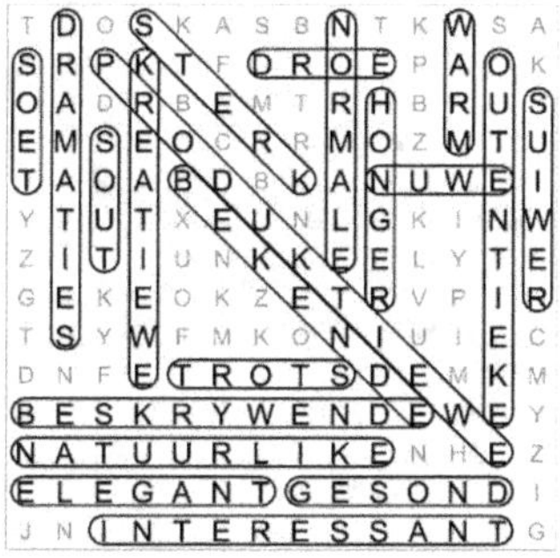

3 - Pesca

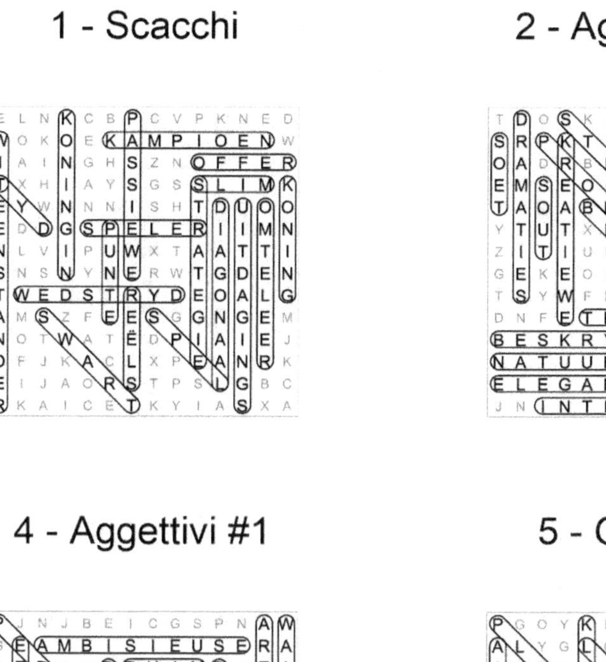

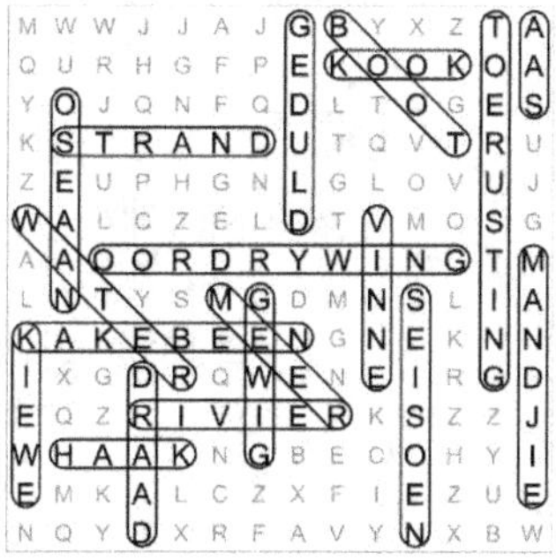

4 - Aggettivi #1

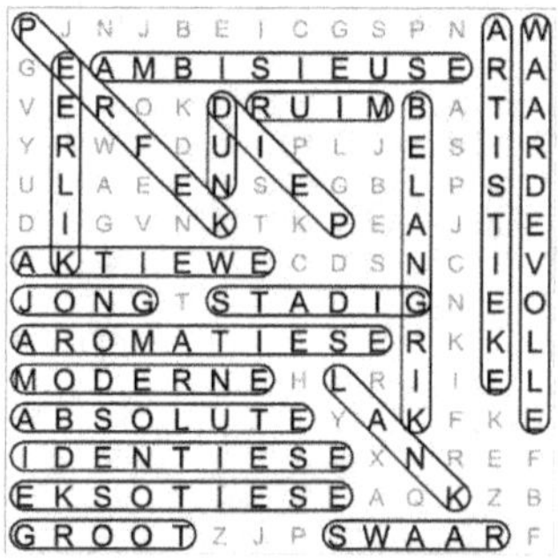

5 - Geologia

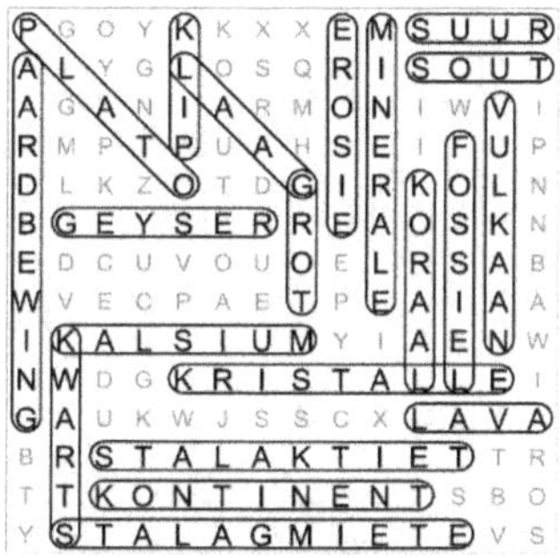

6 - Campeggio

7 - Arti Visive

8 - Ginnastica

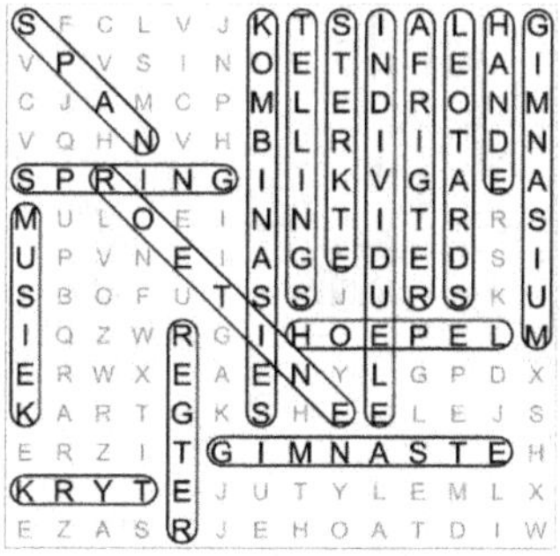

9 - Esplorazione

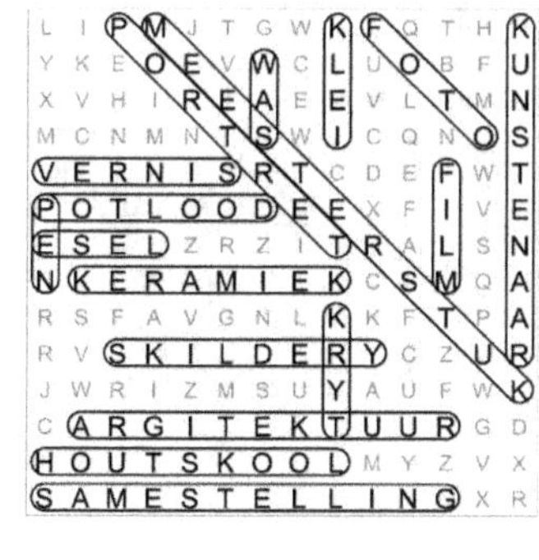

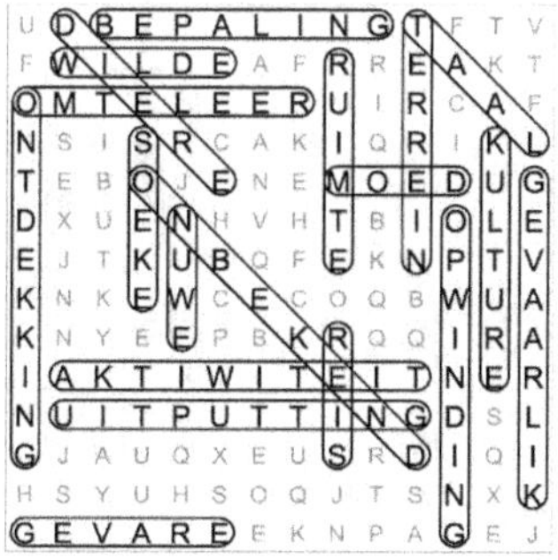

10 - Tempo

11 - Astronomia

12 - Circo

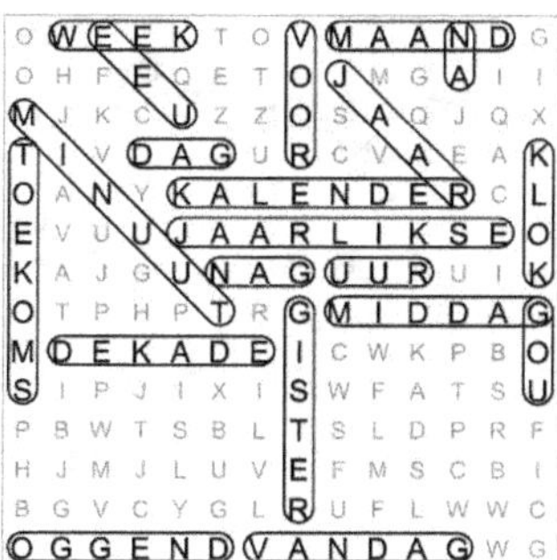

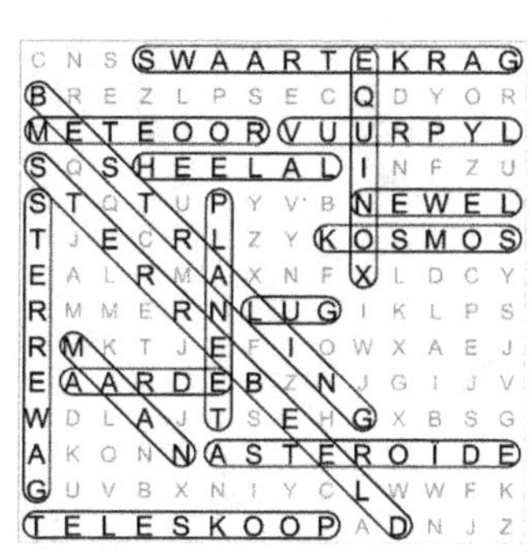

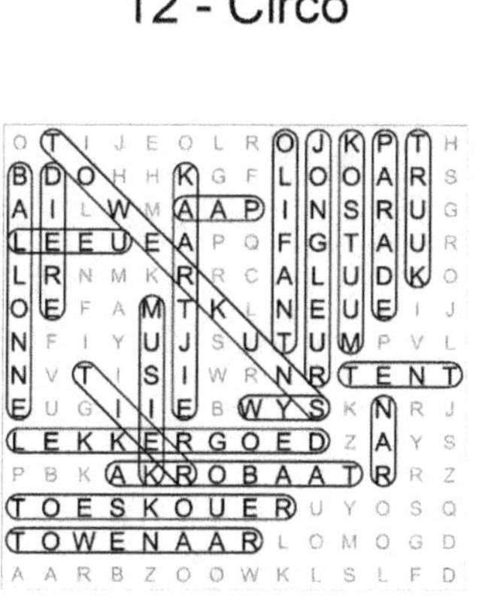

13 - Mitologia

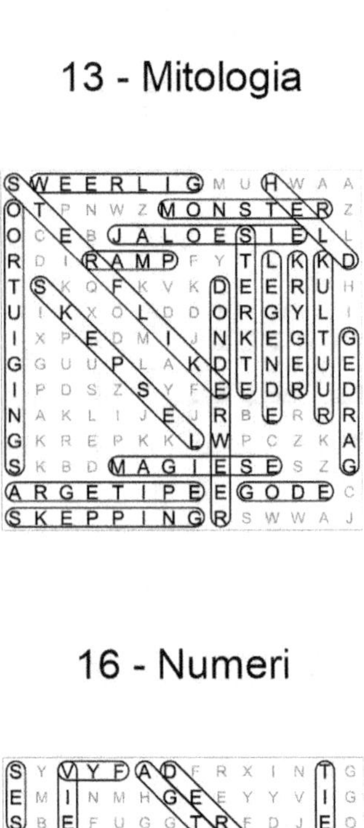

14 - Piante

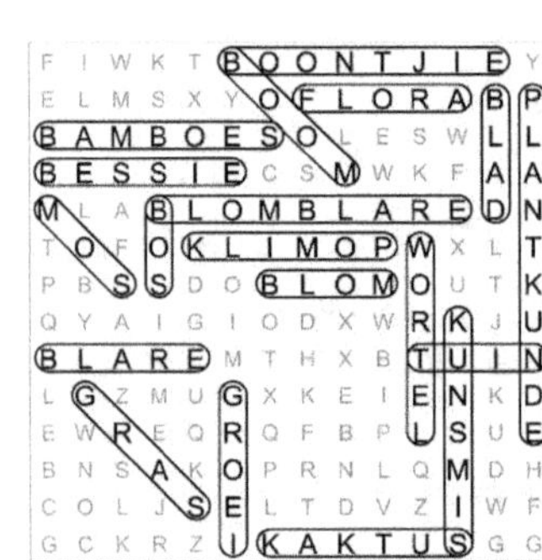

15 - Spezie

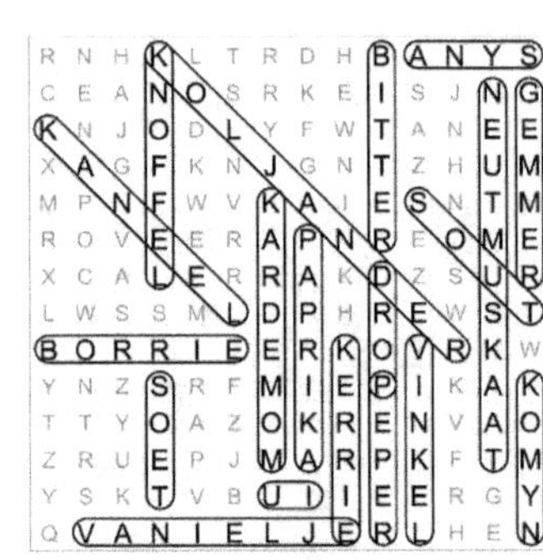

16 - Numeri

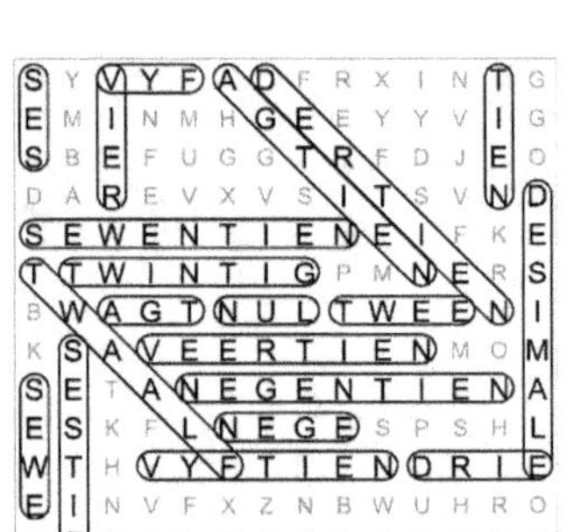

17 - Cioccolato

18 - Guida

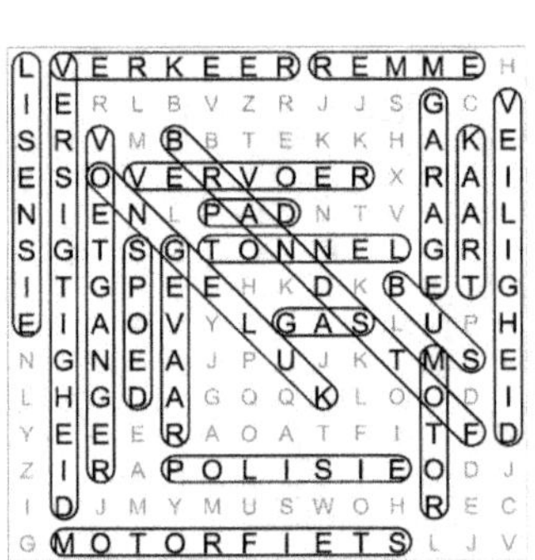

19 - Sport

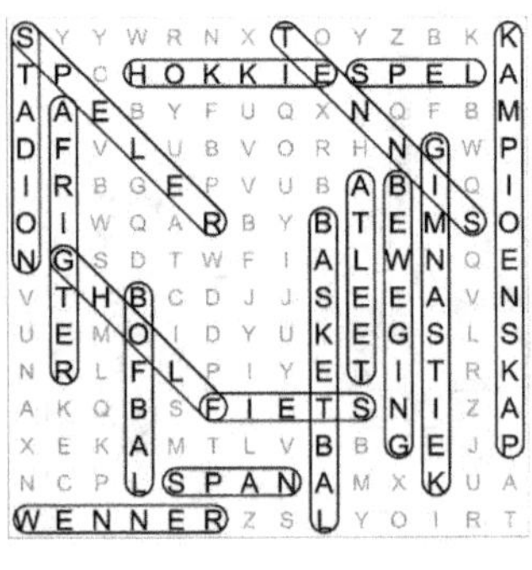

20 - Giocattoli

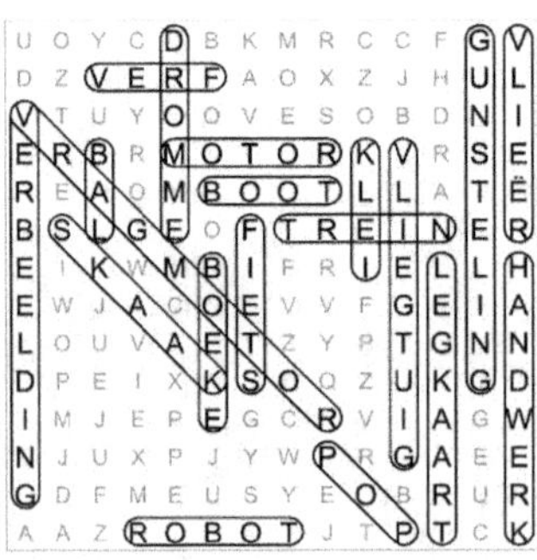

21 - Uccelli

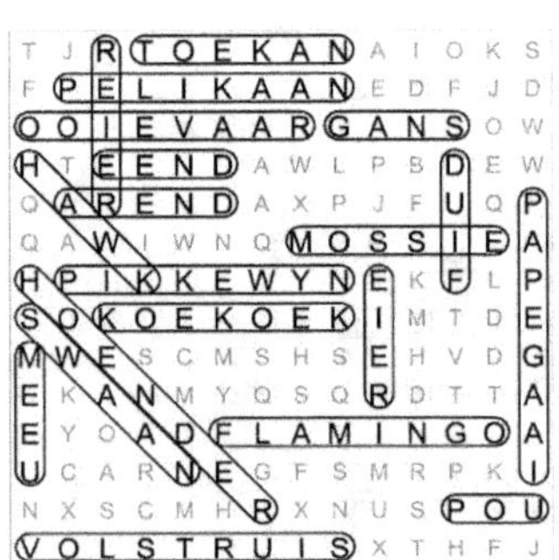

22 - Giorni e Mesi

23 - Casa

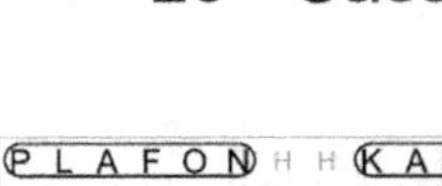

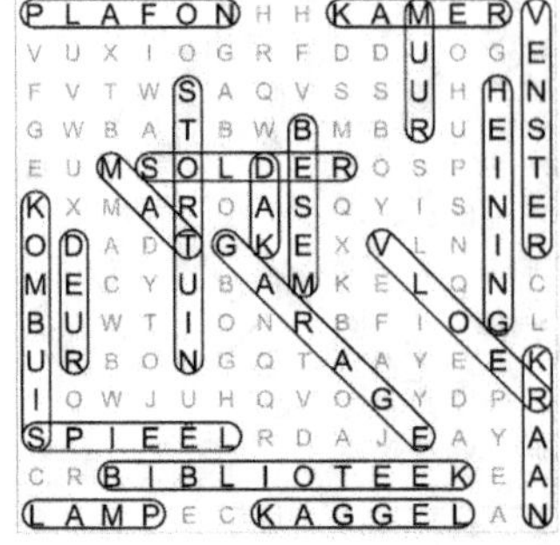

24 - Ristorante #1

25 - Fantascienza

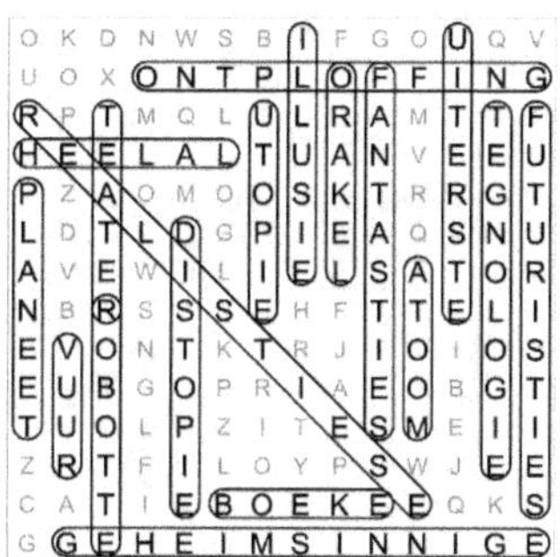

26 - Città

27 - Virtù #1

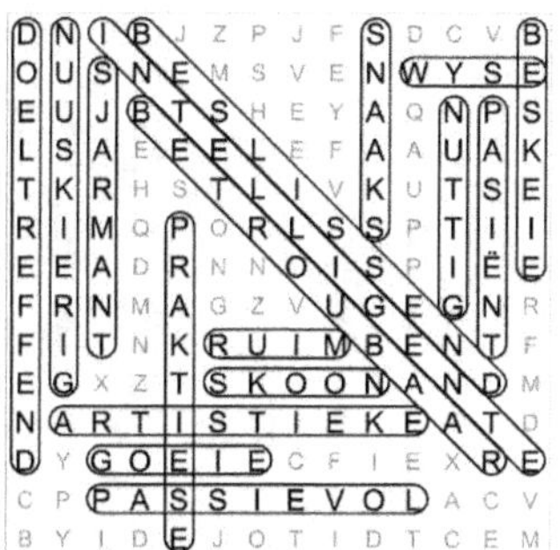

28 - Compleanno

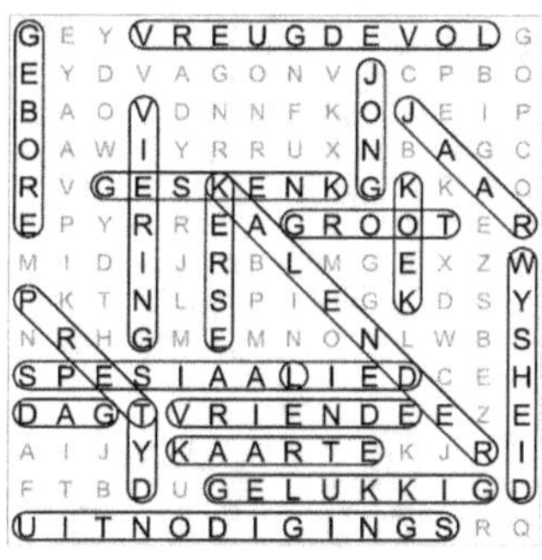

29 - Fattoria #1

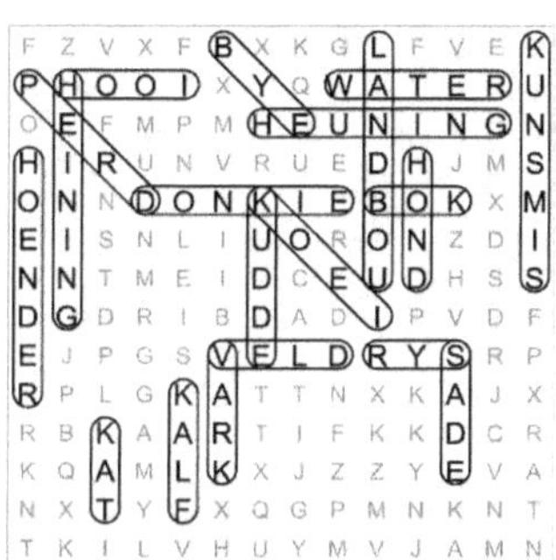

30 - Paesaggi

31 - Ristorante #2

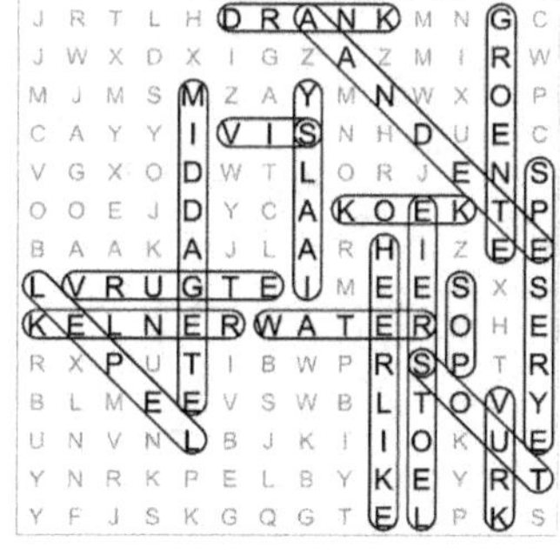

32 - Giardino

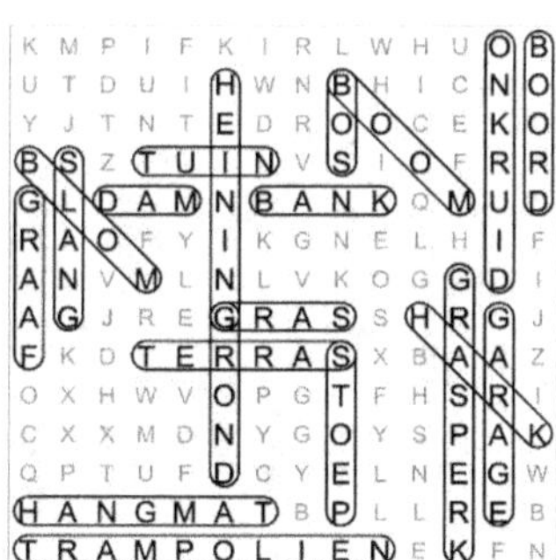

33 - Frutta

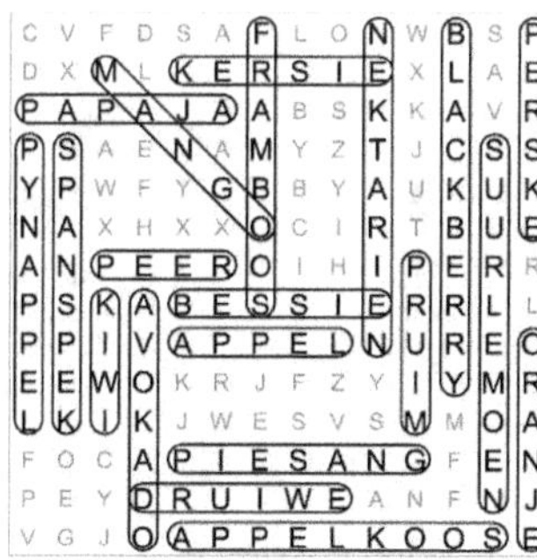

34 - Fattoria #2

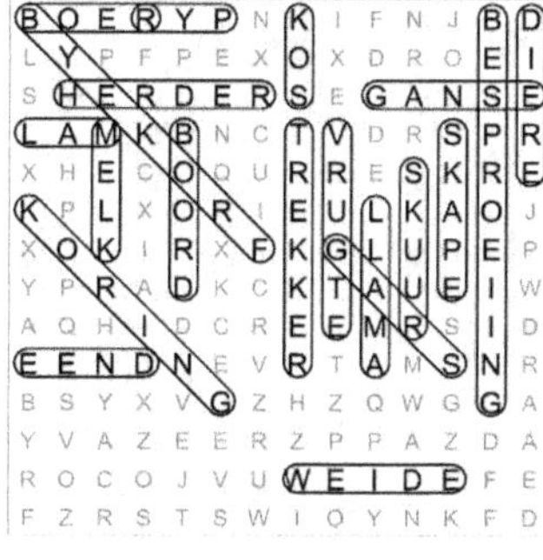

35 - Dinosauri

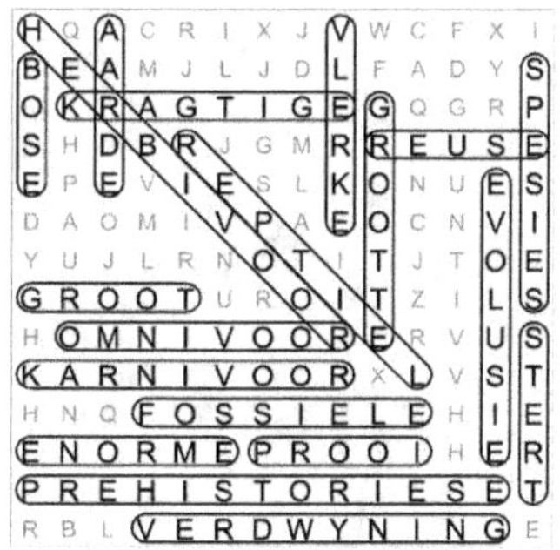

36 - Verdure

37 - Scuola #2	38 - Gentilezza	39 - Barbecue
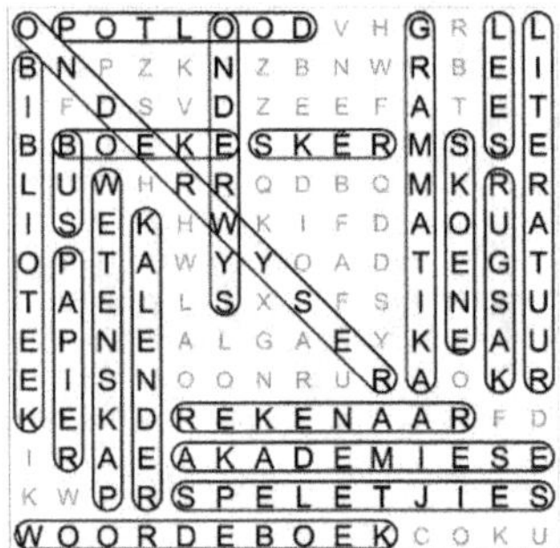	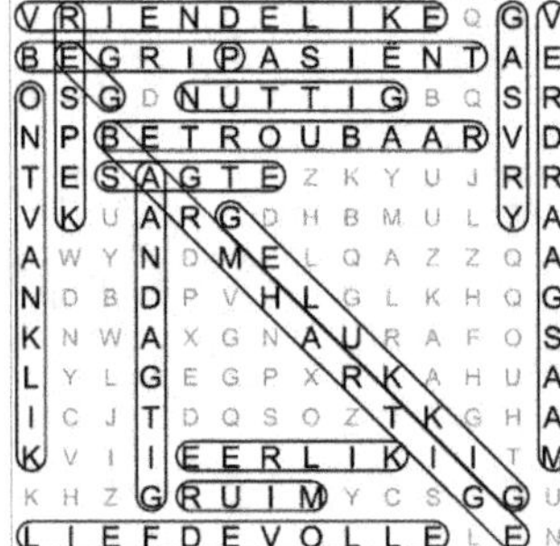	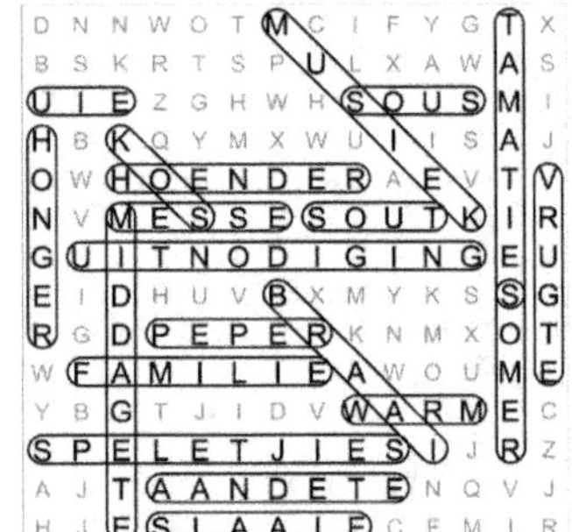
40 - Riempire	41 - Insetti	42 - Erboristeria
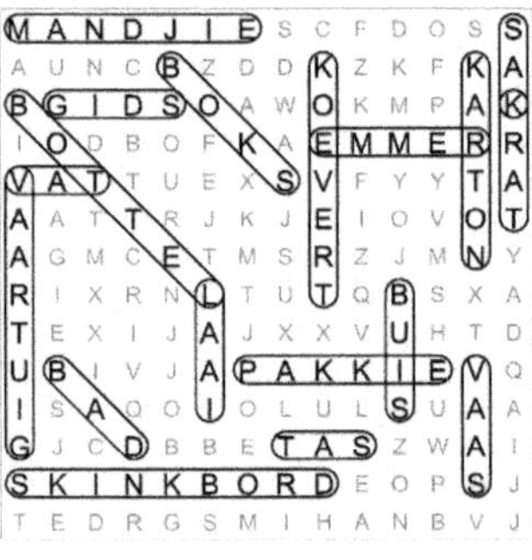	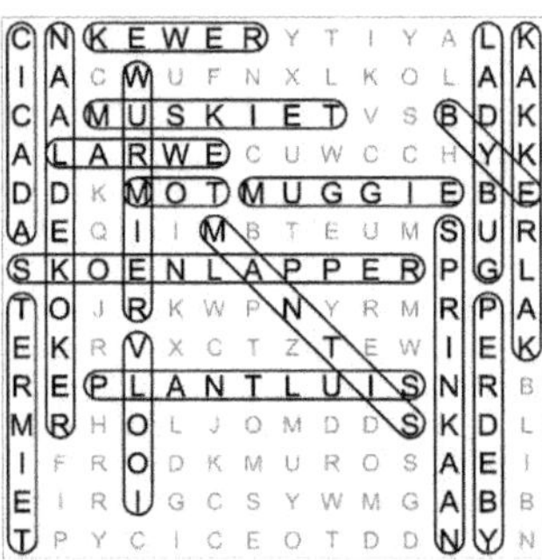	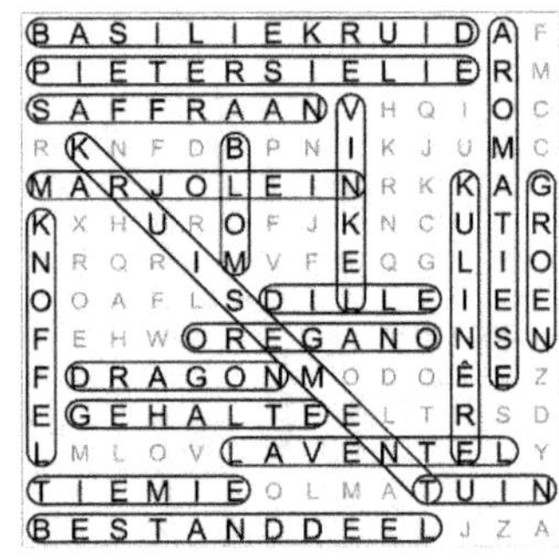
43 - Danza	44 - Commedia	45 - Scuola #1
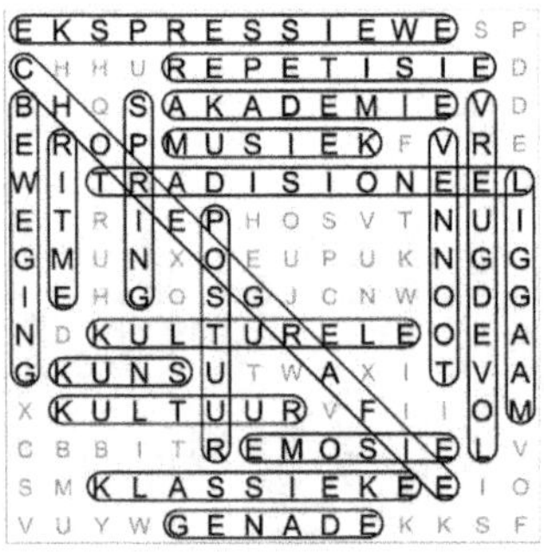	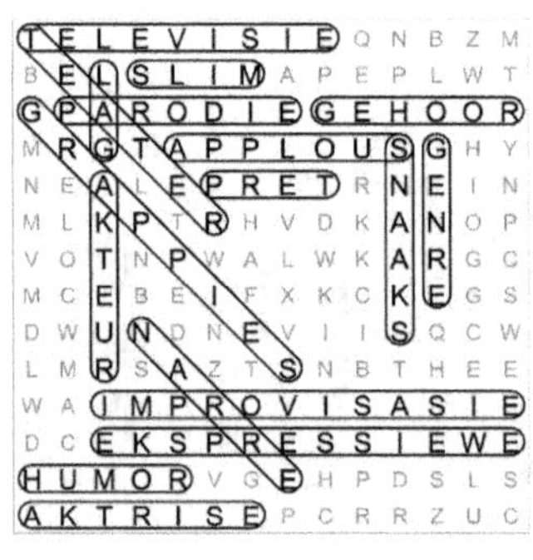	
46 - Fiori	47 - Ecologia	48 - Discipline Scientifiche
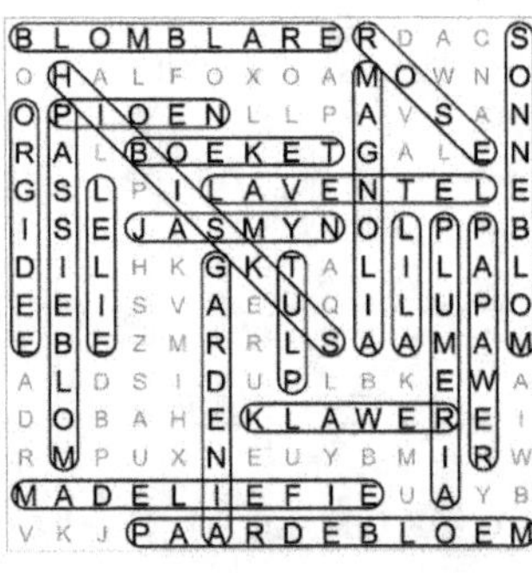	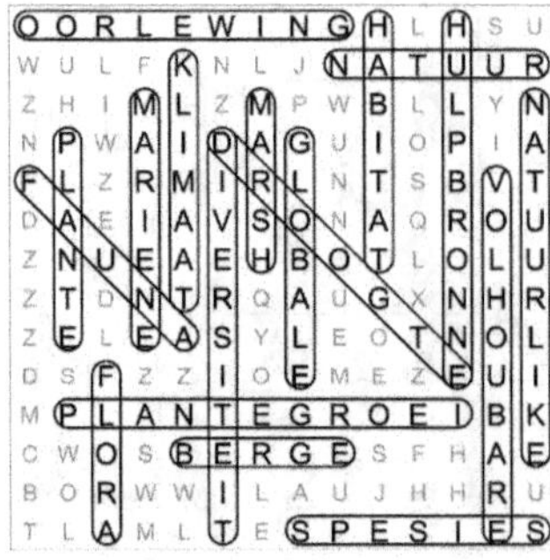	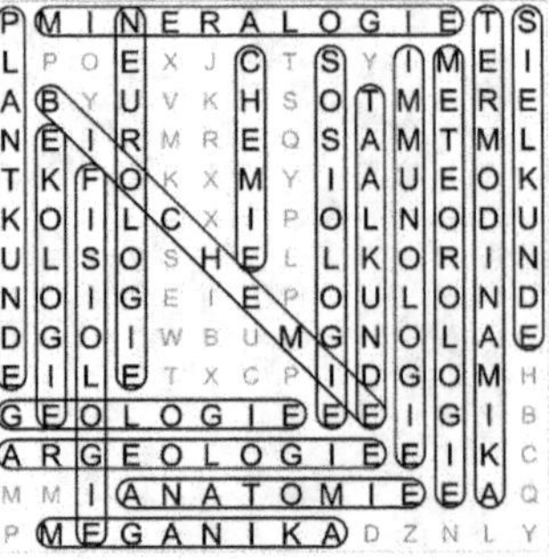

49 - Scienza

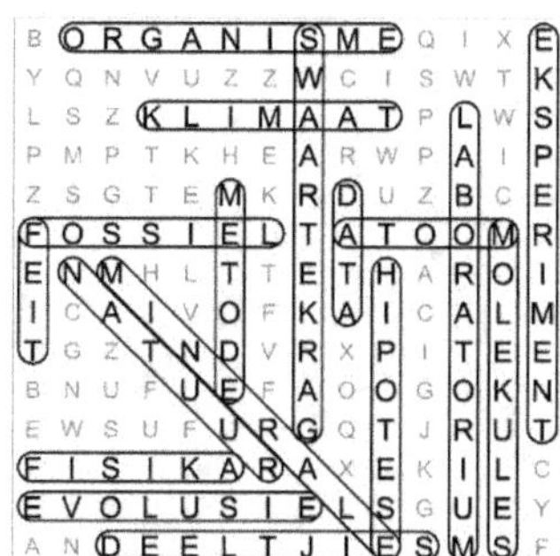

50 - Acqua

51 - Surf

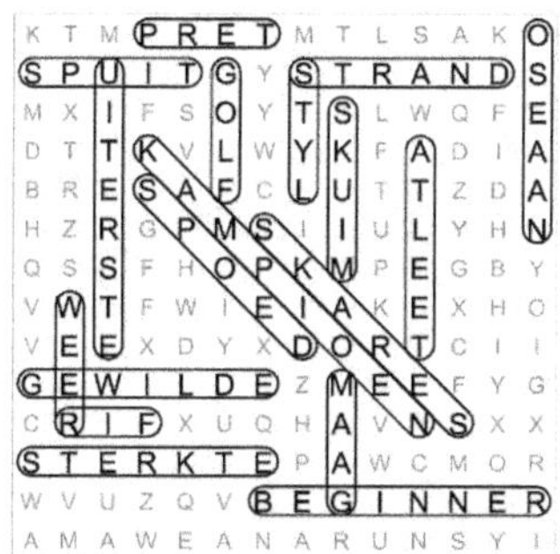

52 - Imbarcazioni

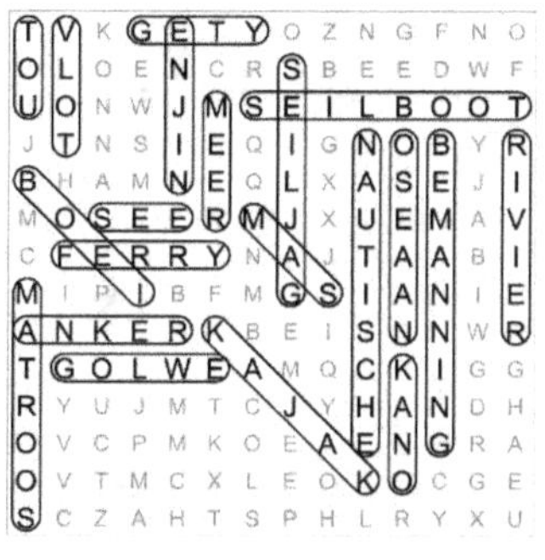

53 - Api

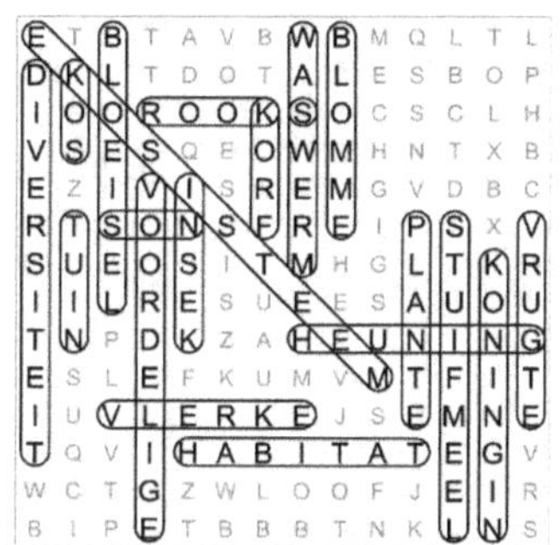

54 - Conservazione

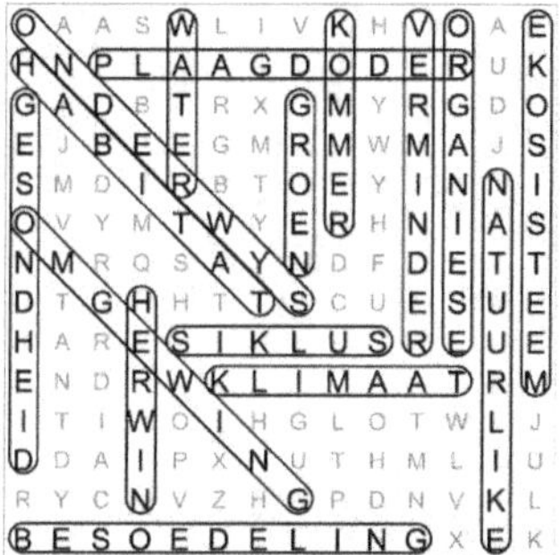

55 - Strumenti Musicali

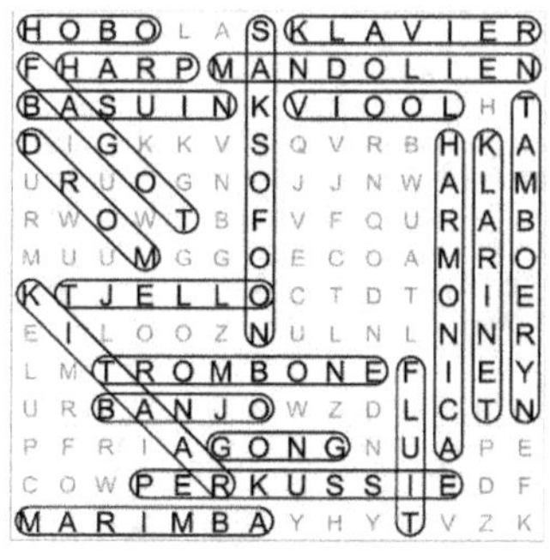

56 - Professioni #2

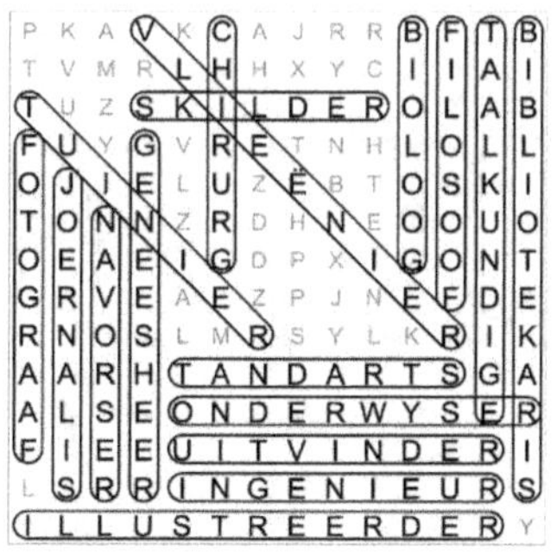

57 - Letteratura

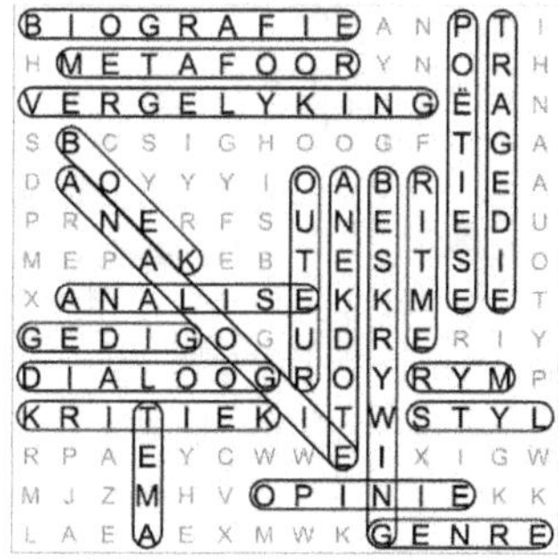

58 - Cibo #2

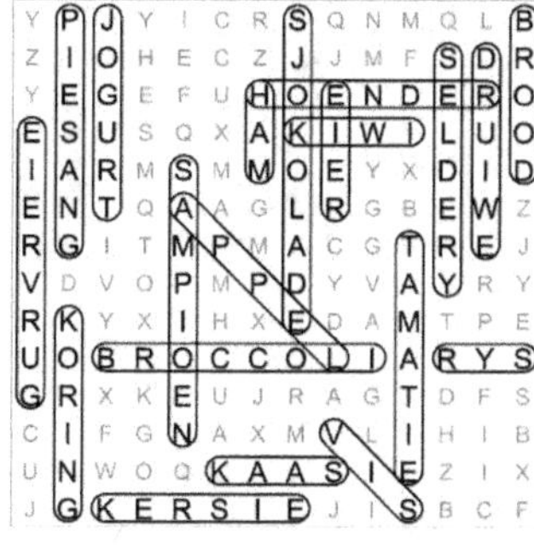

59 - Nutrizione

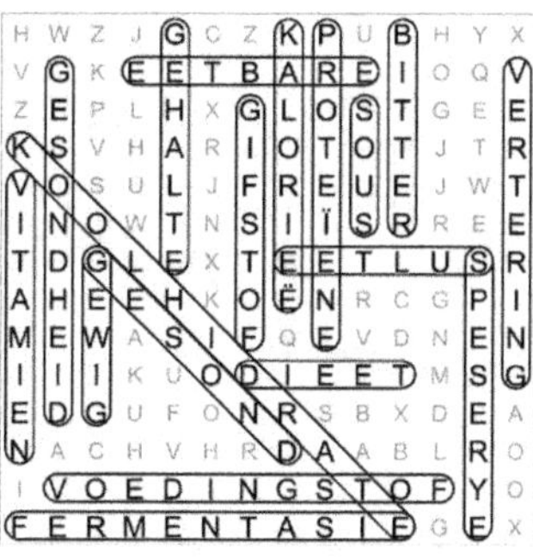

60 - Matematica

61 - Meditazione

62 - Estate

63 - Escursionismo

64 - Professioni #1

65 - Antartide

66 - Libri

67 - Geografia

68 - Cibo #1

69 - Aeroplani

70 - Pirati

71 - Colori

72 - Spiaggia

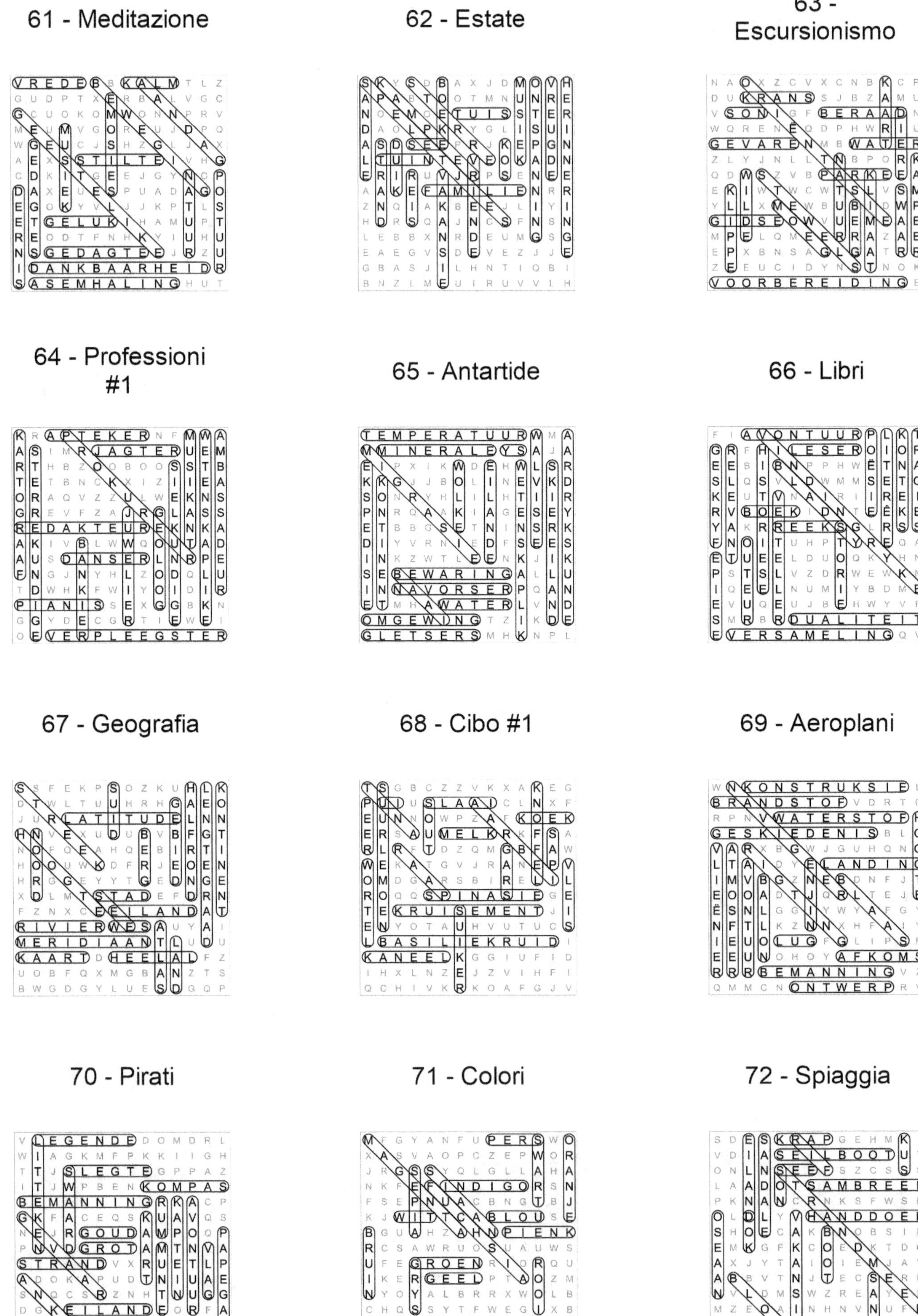

73 - Avventura

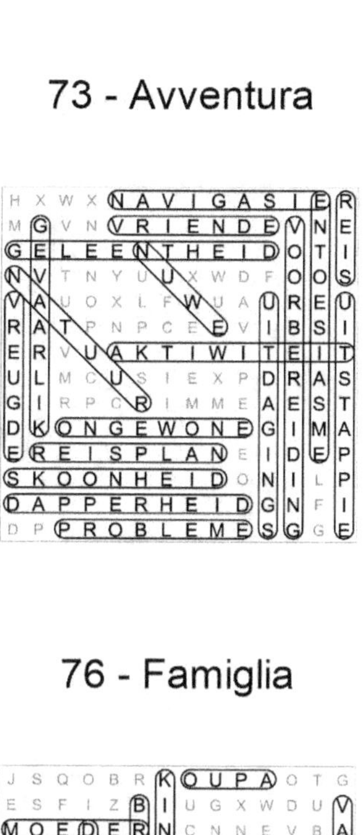

74 - Forme

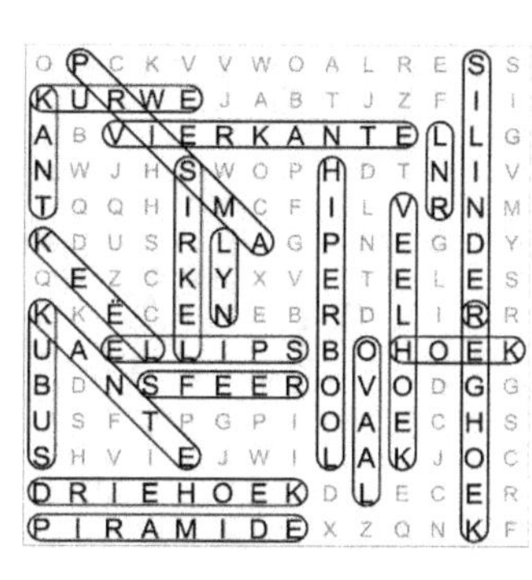

75 - Oceano

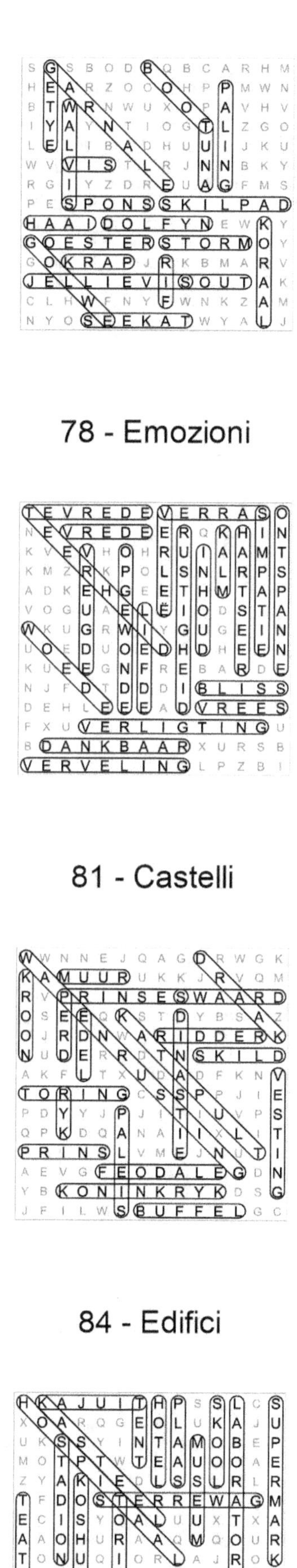

76 - Famiglia

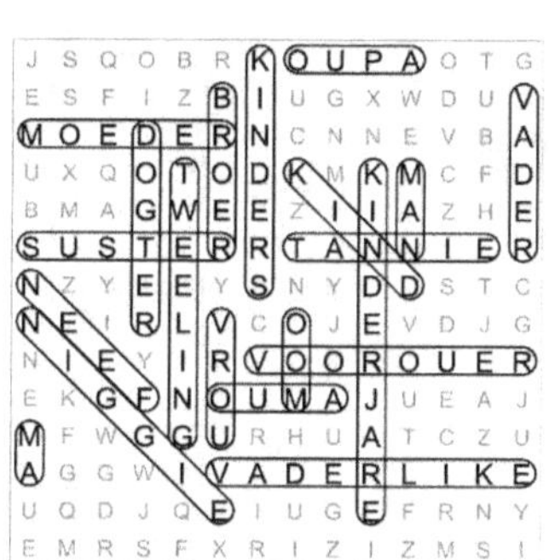

77 - Veicoli

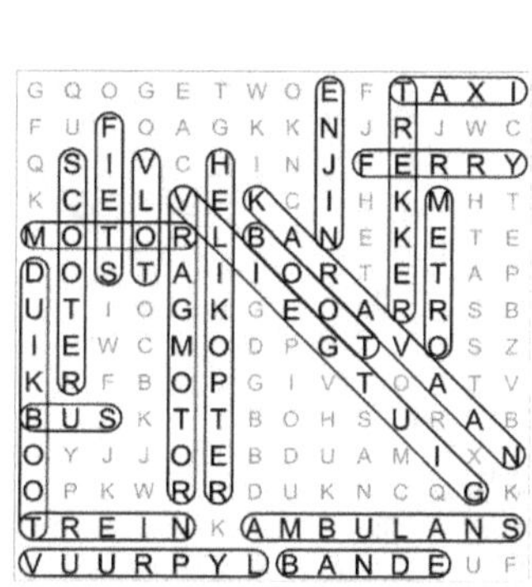

78 - Emozioni

79 - Natura

80 - Balletto

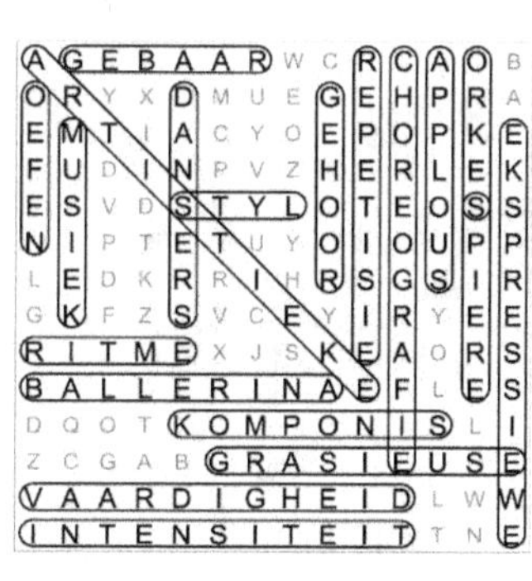

81 - Castelli

82 - Campionato

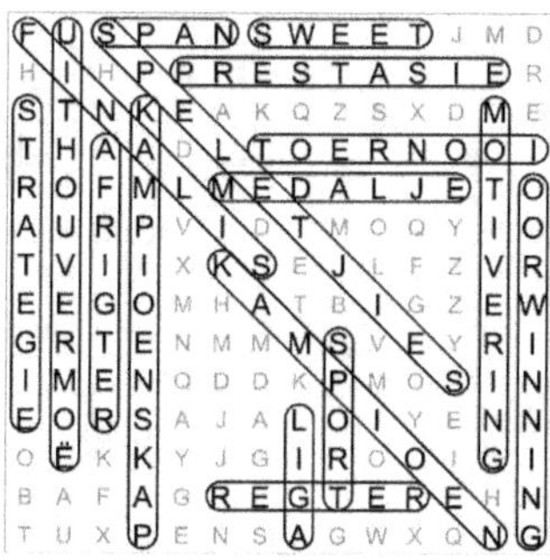

83 - Foresta Pluviale

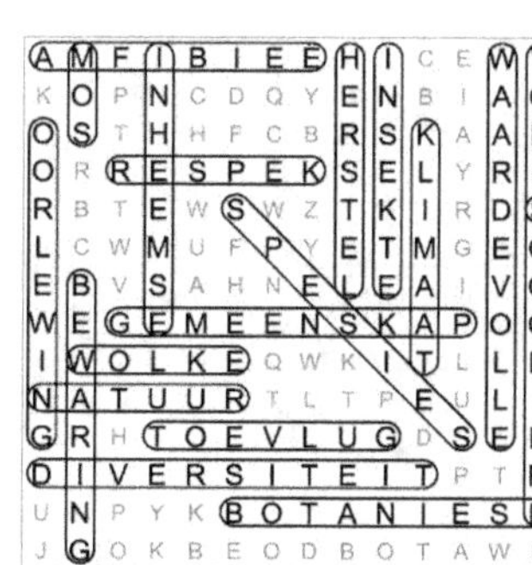
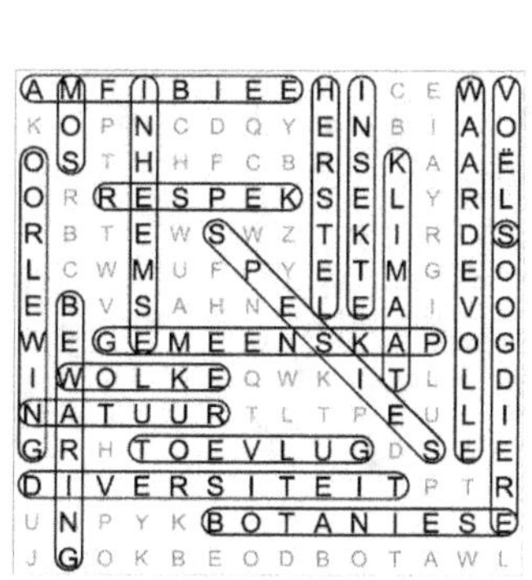

84 - Edifici

85 - Paesi #2

86 - Tipi di Capelli

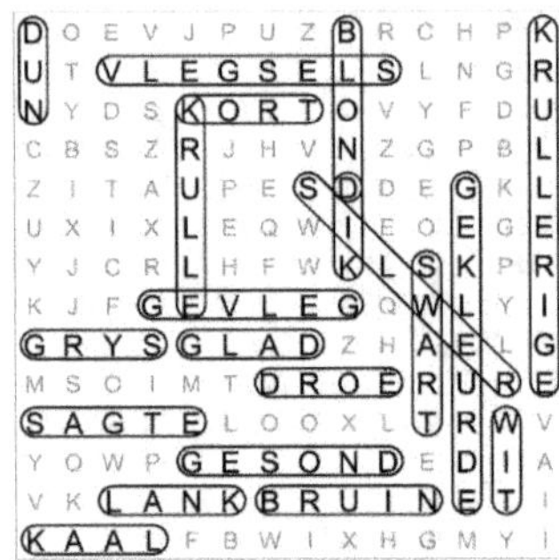

87 - Vestiti

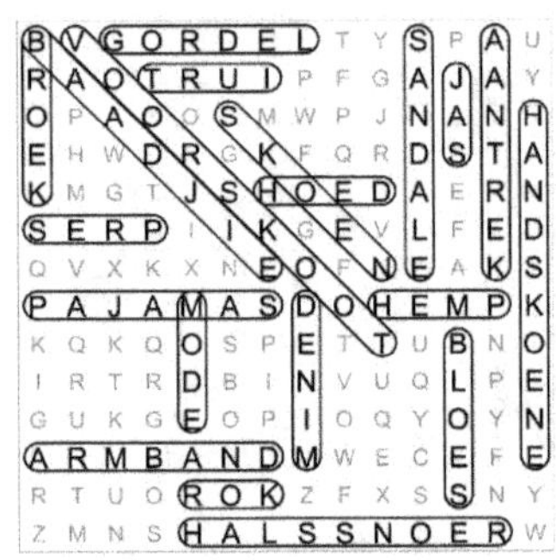

88 - Attività e Tempo Libero

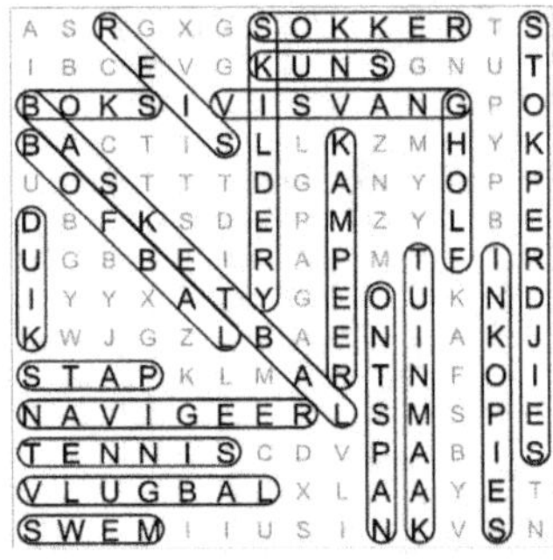

89 - Tecnologia

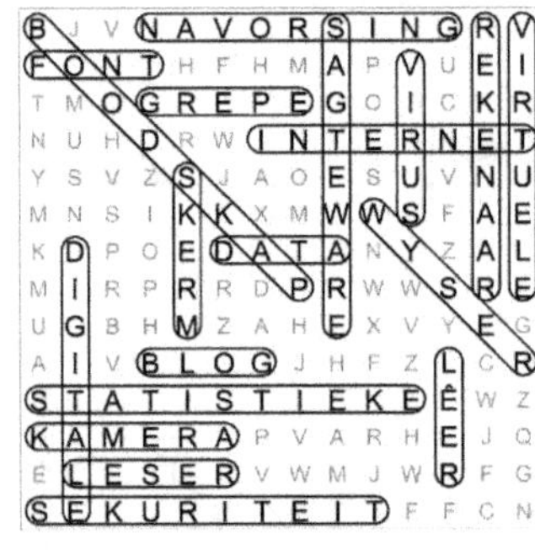

90 - Arte

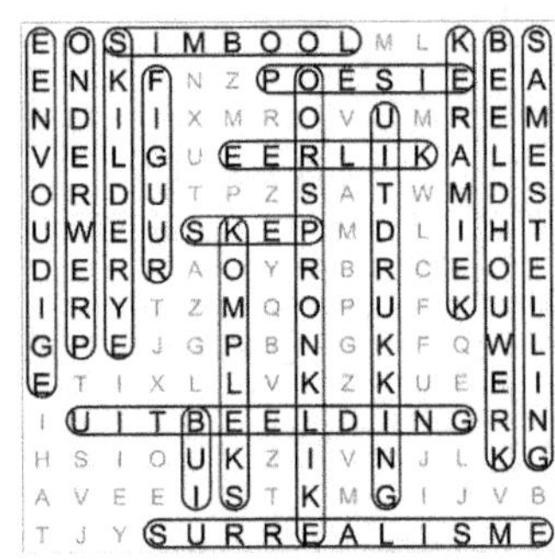

91 - Meteo

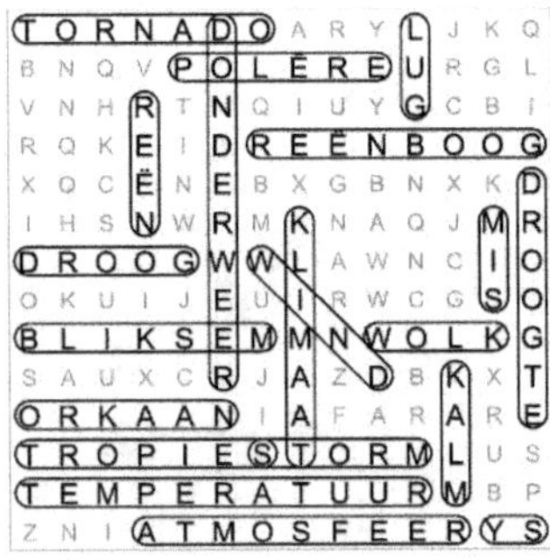

92 - Corpo Umano

93 - Mammiferi

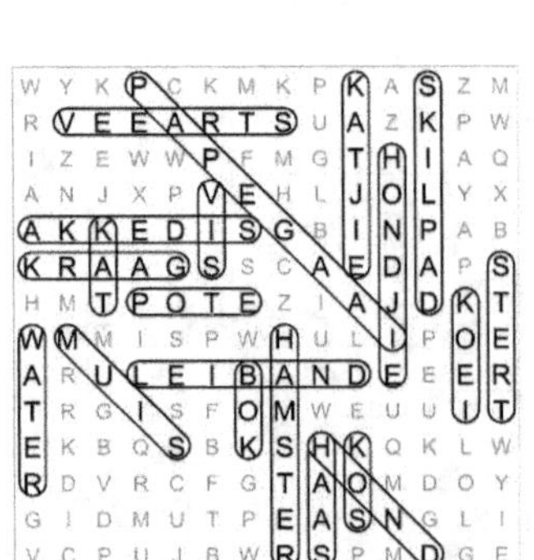

94 - Arrampicata

95 - Animali Domestici

96 - Cucina

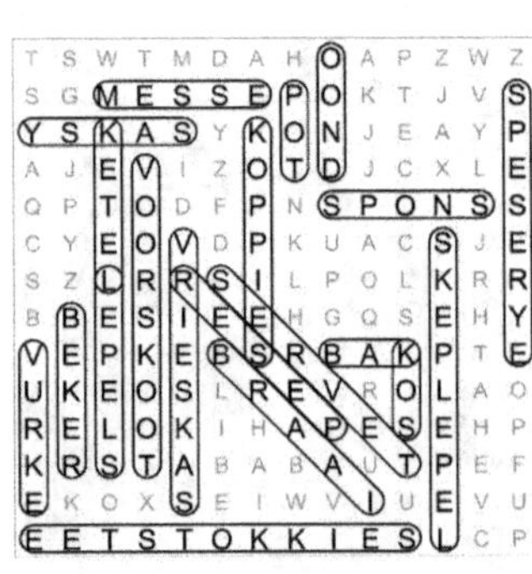

97 - Vacanze #2

98 - Attività

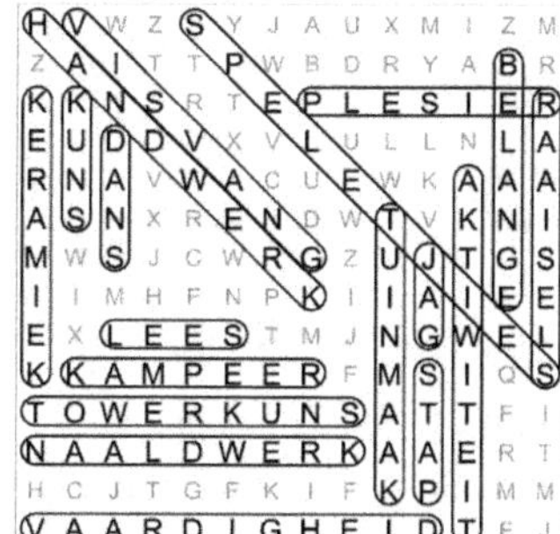

99 - Forniture Artistiche

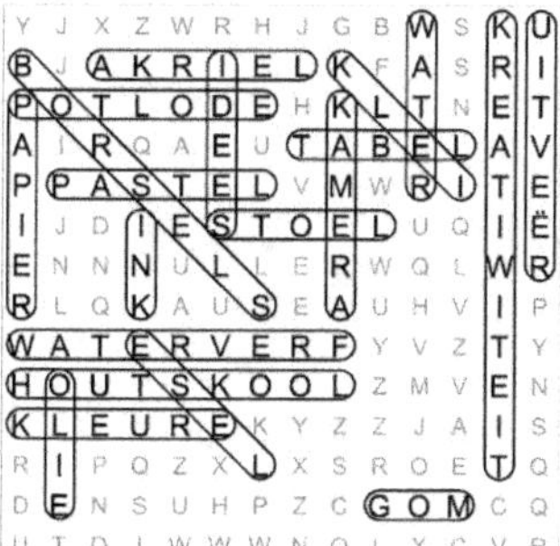

100 - Misurazioni

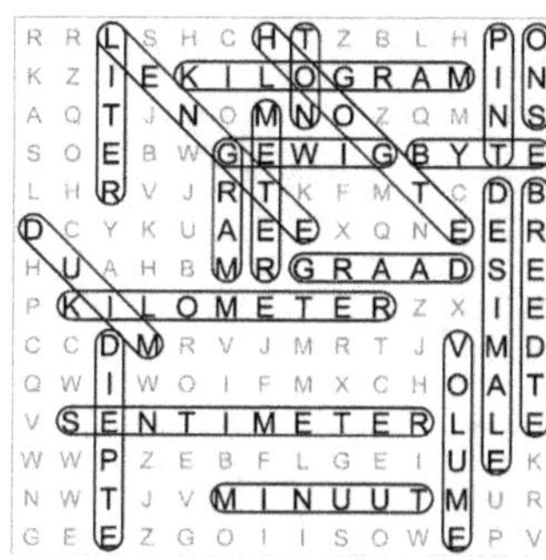

Dizionario

<table>
<tr><td colspan="2">Acqua
Water</td><td colspan="2">Aeroplani
Vliegtuie</td><td colspan="2">Aggettivi #1
Byvoeglike Naamwoorde #1</td></tr>
<tr><td>Alluvione</td><td>Vloed</td><td>Altezza</td><td>Hoogte</td><td>Ambizioso</td><td>Ambisieuse</td></tr>
<tr><td>Canale</td><td>Kanaal</td><td>Aria</td><td>Lug</td><td>Aromatico</td><td>Aromatiese</td></tr>
<tr><td>Doccia</td><td>Stort</td><td>Atmosfera</td><td>Atmosfeer</td><td>Artistico</td><td>Artistieke</td></tr>
<tr><td>Evaporazione</td><td>Verdamping</td><td>Atterraggio</td><td>Landing</td><td>Assoluto</td><td>Absolute</td></tr>
<tr><td>Fiume</td><td>Rivier</td><td>Avventura</td><td>Avontuur</td><td>Attivo</td><td>Aktiewe</td></tr>
<tr><td>Flusso</td><td>Stroom</td><td>Carburante</td><td>Brandstof</td><td>Enorme</td><td>Groot</td></tr>
<tr><td>Gelo</td><td>Ryp</td><td>Costruzione</td><td>Konstruksie</td><td>Esotico</td><td>Eksotiese</td></tr>
<tr><td>Geyser</td><td>Geiser</td><td>Design</td><td>Ontwerp</td><td>Generoso</td><td>Ruim</td></tr>
<tr><td>Ghiaccio</td><td>Ys</td><td>Direzione</td><td>Rigting</td><td>Giovane</td><td>Jong</td></tr>
<tr><td>Irrigazione</td><td>Besproeiing</td><td>Discesa</td><td>Afkoms</td><td>Identico</td><td>Identiese</td></tr>
<tr><td>Lago</td><td>Meer</td><td>Equipaggio</td><td>Bemanning</td><td>Importante</td><td>Belangrik</td></tr>
<tr><td>Neve</td><td>Sneeu</td><td>Gonfiare</td><td>Blaas</td><td>Lento</td><td>Stadig</td></tr>
<tr><td>Oceano</td><td>Oseaan</td><td>Idrogeno</td><td>Waterstof</td><td>Lungo</td><td>Lank</td></tr>
<tr><td>Onde</td><td>Golwe</td><td>Motore</td><td>Enjin</td><td>Moderno</td><td>Moderne</td></tr>
<tr><td>Pioggia</td><td>Reën</td><td>Navigare</td><td>Navigeer</td><td>Onesto</td><td>Eerlik</td></tr>
<tr><td>Potabile</td><td>Drinkbaar</td><td>Palloncino</td><td>Ballon</td><td>Perfetto</td><td>Perfek</td></tr>
<tr><td>Umidità</td><td>Vog</td><td>Passeggero</td><td>Passasier</td><td>Pesante</td><td>Swaar</td></tr>
<tr><td>Umido</td><td>Klam</td><td>Pilota</td><td>Vlieënier</td><td>Prezioso</td><td>Waardevolle</td></tr>
<tr><td>Uragano</td><td>Orkaan</td><td>Storia</td><td>Geskiedenis</td><td>Profondo</td><td>Diep</td></tr>
<tr><td>Vapore</td><td>Stoom</td><td>Turbolenza</td><td>Turbulensie</td><td>Sottile</td><td>Dun</td></tr>
</table>

Aggettivi #2
Byvoeglike Naamwoorde #2

Affamato	Honger
Asciutto	Droë
Autentico	Outentieke
Caldo	Warm
Creativo	Kreatiewe
Descrittivo	Beskrywende
Dolce	Soet
Drammatico	Dramaties
Elegante	Elegant
Famoso	Bekende
Forte	Sterk
Interessante	Interessant
Naturale	Natuurlike
Normale	Normale
Nuovo	Nuwe
Orgoglioso	Trots
Produttivo	Produktiewe
Puro	Suiwer
Salato	Sout
Sano	Gesond

Animali Domestici
Troeteldiere

Acqua	Water
Cane	Hond
Capra	Bok
Cibo	Kos
Coda	Stert
Collare	Kraag
Coniglio	Haas
Criceto	Hamster
Cucciolo	Hondjie
Gattino	Katjie
Gatto	Kat
Guinzaglio	Leiband
Lucertola	Akkedis
Mucca	Koei
Pappagallo	Papegaai
Pesce	Vis
Tartaruga	Skilpad
Topo	Muis
Veterinario	Veearts
Zampe	Pote

Antartide
Antarktika

Acqua	Water
Ambiente	Omgewing
Baia	Baai
Balene	Walvisse
Conservazione	Bewaring
Continente	Kontinent
Geografia	Aardrykskunde
Ghiacciai	Gletsers
Ghiaccio	Ys
Isole	Eilande
Migrazione	Migrasie
Minerali	Minerale
Nuvole	Wolke
Penisola	Skiereiland
Ricercatore	Navorser
Roccioso	Rotsagtige
Scientifico	Wetenskaplik
Spedizione	Ekspedisie
Temperatura	Temperatuur
Topografia	Topografie

Api
Bye

Ali	Vlerke
Alveare	Korf
Benefico	Voordelige
Cera	Was
Cibo	Kos
Diversità	Diversiteit
Ecosistema	Ekosisteem
Fiori	Blomme
Fiorire	Bloeisel
Frutta	Vrugte
Fumo	Rook
Giardino	Tuin
Habitat	Habitat
Insetto	Insek
Miele	Heuning
Piante	Plante
Polline	Stuifmeel
Regina	Koningin
Sciame	Swerm
Sole	Son

Arrampicata
Klim

Altitudine	Hoogte
Atmosfera	Atmosfeer
Casco	Helm
Escursioni	Stap
Esperto	Kenner
Fisico	Fisies
Formazione	Opleiding
Forza	Sterkte
Grotta	Grot
Guanti	Handskoene
Guide	Gidse
Lesione	Besering
Mappa	Kaart
Sfide	Uitdagings
Stabilità	Stabiliteit
Stivali	Stewels
Stretto	Smal
Terreno	Terrein

Arte
Kuns

Ceramica	Keramiek
Complesso	Kompleks
Composizione	Samestelling
Creare	Skep
Dipinti	Skilderye
Espressione	Uitdrukking
Figura	Figuur
Ispirato	Geïnspireer
Onesto	Eerlik
Originale	Oorspronklike
Personale	Persoonlike
Poesia	Poësie
Ritrarre	Uitbeelding
Scultura	Beeldhouwerk
Semplice	Eenvoudige
Simbolo	Simbool
Soggetto	Onderwerp
Surrealismo	Surrealisme
Umore	Bui
Visivo	Visuele

Arti Visive
Visuele Kunste

Architettura	Argitektuur
Argilla	Klei
Artista	Kunstenaar
Capolavoro	Meesterstuk
Carbone	Houtskool
Cavalletto	Esel
Cera	Was
Ceramica	Keramiek
Composizione	Samestelling
Creatività	Skeppings-
Film	Film
Fotografia	Foto
Gesso	Kryt
Matita	Potlood
Penna	Pen
Pittura	Skildery
Prospettiva	Perspektief
Ritratto	Portret
Scultura	Beeldhouwerk
Vernice	Vernis

Astronomia
Sterrekunde

Asteroide	Asteroïde
Astronauta	Ruimtevaarder
Astronomo	Sterrekundige
Cielo	Lug
Cosmo	Kosmos
Costellazione	Sterrebeeld
Equinozio	Equinox
Galassia	Sterrestelsel
Gravità	Swaartekrag
Luna	Maan
Meteora	Meteoor
Nebulosa	Newel
Osservatorio	Sterrewag
Pianeta	Planeet
Radiazione	Bestraling
Razzo	Vuurpyl
Supernova	Supernova
Telescopio	Teleskoop
Terra	Aarde
Universo	Heelal

Attività
Aktiwiteite

Abilità	Vaardigheid
Arte	Kuns
Artigianato	Handwerk
Attività	Aktiwiteit
Caccia	Jag
Campeggio	Kampeer
Ceramica	Keramiek
Cucire	Naaldwerk
Danza	Dans
Escursioni	Stap
Fotografia	Fotografie
Giardinaggio	Tuinmaak
Giochi	Speletjies
Interessi	Belange
Lettura	Lees
Magia	Towerkuns
Pesca	Visvang
Piacere	Plesier
Puzzle	Raaisels
Tempo Libero	Ontspanning

Attività e Tempo Libero
Aktiwiteite en Ontspanni

Arte	Kuns
Baseball	Bofbal
Basket	Basketbal
Boxe	Boks
Calcio	Sokker
Campeggio	Kampeer
Escursioni	Stap
Giardinaggio	Tuinmaak
Golf	Gholf
Hobby	Stokperdjies
Immersione	Duik
Nuoto	Swem
Pallavolo	Vlugbal
Pesca	Visvang
Pittura	Skildery
Rilassante	Ontspan
Shopping	Inkopies
Surf	Naviseer
Tennis	Tennis
Viaggio	Reis

Avventura
Avontuur

Amici	Vriende
Attività	Aktiwiteit
Bellezza	Skoonheid
Coraggio	Dapperheid
Destinazione	Bestemming
Difficoltà	Probleme
Entusiasmo	Entoesiasme
Escursione	Uitstappie
Gioia	Vreugde
Insolito	Ongewone
Itinerario	Reisplan
Natura	Natuur
Navigazione	Navigasie
Nuovo	Nuwe
Opportunità	Geleentheid
Pericoloso	Gevaarlik
Preparazione	Voorbereiding
Sfide	Uitdagings
Sicurezza	Veiligheid
Viaggi	Reis

Balletto
Ballet

Abilità	Vaardigheid
Applauso	Applous
Artistico	Artistieke
Ballerina	Ballerina
Ballerini	Dansers
Compositore	Komponis
Coreografia	Choreografie
Espressivo	Ekspressiewe
Gesto	Gebaar
Grazioso	Grasieuse
Intensità	Intensiteit
Muscoli	Spiere
Musica	Musiek
Orchestra	Orkes
Pratica	Oefen
Prova	Repetisie
Pubblico	Gehoor
Ritmo	Ritme
Stile	Styl
Tecnica	Tegniek

Barbecue
Barbecues

Caldo	Warm
Cena	Aandete
Cibo	Kos
Cipolle	Uie
Coltelli	Messe
Estate	Somer
Fame	Honger
Famiglia	Familie
Frutta	Vrugte
Giochi	Speletjies
Griglia	Braai
Insalate	Slaaie
Invito	Uitnodiging
Musica	Musiek
Pepe	Peper
Pollo	Hoender
Pomodori	Tamaties
Pranzo	Middagete
Sale	Sout
Salsa	Sous

Campeggio
Kampeer

Alberi	Bome
Amaca	Hangmat
Animali	Diere
Avventura	Avontuur
Bussola	Kompas
Cabina	Kajuit
Caccia	Jag
Canoa	Kano
Cappello	Hoed
Corda	Tou
Divertimento	Pret
Foresta	Bos
Fuoco	Vuur
Insetto	Insek
Lago	Meer
Luna	Maan
Mappa	Kaart
Montagna	Berg
Natura	Natuur
Tenda	Tent

Campionato
Kampioenskap

Allenatore	Afrigter
Campionato	Kampioenskap
Campione	Kampioen
Finalista	Finalis
Giochi	Speletjies
Giudice	Regter
Lega	Liga
Medaglia	Medalje
Motivazione	Motivering
Prestazione	Prestasie
Resistenza	Uithouvermoë
Sportivo	Sport
Squadra	Span
Strategia	Strategie
Sudore	Sweet
Torneo	Toernooi
Vittoria	Oorwinning

Casa
Huis

Attico	Solder
Biblioteca	Biblioteek
Camera	Kamer
Camino	Kaggel
Cucina	Kombuis
Doccia	Stort
Finestra	Venster
Garage	Garage
Giardino	Tuin
Lampada	Lamp
Parete	Muur
Pavimento	Vloer
Porta	Deur
Recinto	Heining
Rubinetto	Kraan
Scopa	Besem
Soffitto	Plafon
Specchio	Spieël
Tappeto	Mat
Tetto	Dak

Castelli
Kastele

Armatura	Wapenrusting
Catapulta	Katapult
Cavaliere	Ridder
Cavallo	Perd
Corona	Kroon
Dinastia	Dinastie
Drago	Draak
Feudale	Feodale
Fortezza	Vesting
Impero	Ryk
Nobile	Edel
Palazzo	Paleis
Parete	Muur
Principe	Prins
Principessa	Prinses
Regno	Koninkryk
Scudo	Skild
Spada	Swaard
Torre	Toring
Unicorno	Buffel

Cibo #1
Voedsel - #1

Aglio	Knoffel
Basilico	Basiliekruid
Cannella	Kaneel
Carne	Vleis
Carota	Wortel
Cipolla	Ui
Fragola	Aarbei
Insalata	Slaai
Latte	Melk
Limone	Suurlemoen
Menta	Kruisement
Orzo	Gars
Pera	Peer
Rapa	Raap
Sale	Sout
Spinaci	Spinasie
Succo	Sap
Tonno	Tuna
Torta	Koek
Zucchero	Suiker

Cibo #2
Voedsel - #2

Banana	Piesang
Broccolo	Broccoli
Ciliegia	Kersie
Cioccolato	Sjokolade
Formaggio	Kaas
Fungo	Sampioen
Grano	Koring
Kiwi	Kiwi
Mela	Appel
Melanzana	Eiervrug
Pane	Brood
Pesce	Vis
Pollo	Hoender
Pomodoro	Tamatie
Prosciutto	Ham
Riso	Rys
Sedano	Seldery
Uovo	Eier
Uva	Druiwe
Yogurt	Jogurt

Cioccolato
Sjokolade

Amaro	Bitter
Antiossidante	Antioksidant
Aroma	Aroma
Artigianale	Ambagsman
Brama	Drang
Cacao	Kakao
Calorie	Kalorieë
Caramella	Lekkergoed
Caramello	Karamel
Delizioso	Heerlike
Dolce	Soet
Esotico	Eksotiese
Gusto	Smaak
Ingrediente	Bestanddeel
Noce di Cocco	Klapper
Polvere	Poeier
Preferito	Gunsteling
Qualità	Gehalte
Ricetta	Resep
Zucchero	Suiker

Circo
Sirkus

Acrobata	Akrobaat
Animali	Diere
Biglietto	Kaartjie
Caramella	Lekkergoed
Clown	Nar
Costume	Kostuum
Elefante	Olifant
Giocoliere	Jongleur
Leone	Leeu
Magia	Towerkuns
Mago	Towenaar
Mostrare	Wys
Musica	Musiek
Palloncini	Ballonne
Parata	Parade
Scimmia	Aap
Spettatore	Toeskouer
Tenda	Tent
Tigre	Tier
Trucco	Truuk

Città
Die Dorp

Aeroporto	Lughawe
Banca	Bank
Biblioteca	Biblioteek
Clinica	Kliniek
Farmacia	Apteek
Fiorista	Bloemiste
Galleria	Galery
Hotel	Hotel
Libreria	Boekwinkel
Mercato	Mark
Museo	Museum
Negozio	Winkel
Panetteria	Bakkery
Ristorante	Restaurant
Scuola	Skool
Stadio	Stadion
Supermercato	Supermark
Teatro	Teater
Università	Universiteit
Zoo	Dieretuin

Colori
Die Kleure

Arancia	Oranje
Beige	Beige
Bianco	Wit
Blu	Blou
Ciano	Siaan
Fucsia	Fuchsia
Giallo	Geel
Grigio	Grys
Indaco	Indigo
Magenta	Magenta
Marrone	Bruin
Nero	Swart
Rosa	Pienk
Rosso	Rooi
Seppia	Sepia
Verde	Groen
Viola	Pers

Commedia
Komedie

Applauso	Applous
Attore	Akteur
Attrice	Aktrise
Clown	Narre
Divertente	Snaaks
Divertimento	Pret
Espressivo	Ekspressiewe
Genere	Genre
Improvvisazione	Improvisasie
Intelligente	Slim
Parodia	Parodie
Pubblico	Gehoor
Risata	Lag
Scherzi	Grappies
Teatro	Teater
Televisione	Televisie
Umorismo	Humor

Compleanno
Verjaarsdag

Amici	Vriende
Anno	Jaar
Calendario	Kalender
Candele	Kerse
Canzone	Lied
Carte	Kaarte
Celebrazione	Viering
Divertimento	Pret
Felice	Gelukkig
Gioioso	Vreugdevol
Giorno	Dag
Giovane	Jong
Grande	Groot
Inviti	Uitnodigings
Nato	Gebore
Regalo	Geskenk
Saggezza	Wysheid
Speciale	Spesiaal
Tempo	Tyd
Torta	Koek

Conservazione
Bewaring

Acqua	Water
Ambientale	Omgewing
Cambiamenti	Veranderinge
Ciclo	Siklus
Clima	Klimaat
Ecosistema	Ekosisteem
Educazione	Onderwys
Habitat	Habitat
Inquinamento	Besoedeling
Naturale	Natuurlike
Organico	Organiese
Pesticida	Plaagdoder
Preoccupazione	Kommer
Riciclare	Herwin
Ridurre	Verminder
Salute	Gesondheid
Sostenibile	Volhoubare
Verde	Groen

Corpo Umano
Die Menslike Liggaam

Bocca	Mond
Caviglia	Enkel
Cervello	Brein
Collo	Nek
Cuore	Hart
Dito	Vinger
Faccia	Gesig
Gamba	Been
Ginocchio	Knie
Gomito	Elmboog
Mano	Hand
Mento	Ken
Naso	Neus
Occhio	Oog
Orecchio	Oor
Pelle	Vel
Sangue	Bloed
Spalla	Skouer
Stomaco	Maag
Testa	Kop

Cucina
Kombuis

Bacchette	Eetstokkies
Bollitore	Ketel
Brocca	Beker
Cibo	Kos
Ciotola	Bak
Coltelli	Messe
Congelatore	Vrieskas
Cucchiai	Lepels
Forchette	Vurke
Forno	Oond
Frigorifero	Yskas
Grembiule	Voorskoot
Griglia	Braai
Mestolo	Skeplepel
Ricetta	Resep
Spezie	Speserye
Spugna	Spons
Tazze	Koppies
Tovagliolo	Servet
Vaso	Pot

Danza
Dans

Accademia	Akademie
Arte	Kuns
Classico	Klassieke
Compagno	Vennoot
Coreografia	Choreografie
Corpo	Liggaam
Cultura	Kultuur
Culturale	Kulturele
Emozione	Emosie
Espressivo	Ekspressiewe
Gioioso	Vreugdevol
Grazia	Genade
Movimento	Beweging
Musica	Musiek
Postura	Postuur
Prova	Repetisie
Ritmo	Ritme
Salto	Spring
Tradizionale	Tradisioneel
Visivo	Visuele

Dinosauri
Dinosourusse

Ali	Vlerke
Carnivoro	Karnivoor
Coda	Stert
Enorme	Enorme
Erbivoro	Herbivoor
Evoluzione	Evolusie
Fossili	Fossiele
Grande	Groot
Mammut	Reuse
Onnivoro	Omnivoor
Potente	Kragtige
Preda	Prooi
Preistorico	Prehistoriese
Rettile	Reptiel
Scomparsa	Verdwyning
Specie	Spesies
Taglia	Grootte
Terra	Aarde
Vizioso	Bose

Discipline Scientifiche
Wetenskaplike Dissiplines

Anatomia	Anatomie
Archeologia	Argeologie
Astronomia	Sterrekunde
Biochimica	Biochemie
Biologia	Biologie
Botanica	Plantkunde
Chimica	Chemie
Ecologia	Ekologie
Fisiologia	Fisiologie
Geologia	Geologie
Immunologia	Immunologie
Linguistica	Taalkunde
Meccanica	Meganika
Meteorologia	Meteorologie
Mineralogia	Mineralogie
Neurologia	Neurologie
Psicologia	Sielkunde
Sociologia	Sosiologie
Termodinamica	Termodinamika
Zoologia	Dierkunde

Ecologia
Ekologie

Clima	Klimaat
Comunità	Gemeenskappe
Diversità	Diversiteit
Fauna	Fauna
Flora	Flora
Globale	Globale
Habitat	Habitat
Marino	Mariene
Montagne	Berge
Natura	Natuur
Naturale	Natuurlike
Palude	Marsh
Piante	Plante
Risorse	Hulpbronne
Siccità	Droogte
Sopravvivenza	Oorlewing
Sostenibile	Volhoubare
Specie	Spesies
Vegetazione	Plantegroei
Volontari	Vrywilligers

Edifici
Geboue

Ambasciata	Ambassade
Appartamento	Woonstel
Cabina	Kajuit
Castello	Kasteel
Fabbrica	Fabriek
Fattoria	Plaas
Fienile	Skuur
Hotel	Hotel
Laboratorio	Laboratorium
Museo	Museum
Ospedale	Hospitaal
Osservatorio	Sterrewag
Ostello	Koshuis
Scuola	Skool
Stadio	Stadion
Supermercato	Supermark
Teatro	Teater
Tenda	Tent
Torre	Toring
Università	Universiteit

Emozioni
Emosies

Amore	Liefde
Beatitudine	Bliss
Calma	Kalm
Contenuto	Inhoud
Eccitato	Opgewonde
Gioia	Vreugde
Grato	Dankbaar
Imbarazzato	Verleë
Noia	Verveling
Pace	Vrede
Paura	Vrees
Rabbia	Woede
Rilassato	Ontspanne
Rilievo	Verligting
Simpatia	Simpatie
Soddisfatto	Tevrede
Sorpresa	Verras
Tenerezza	Teerheid
Tranquillità	Rustigheid
Tristezza	Hartseer

Erboristeria
Kruiemedisyne

Aglio	Knoffel
Aneto	Dille
Aromatico	Aromatiese
Basilico	Basiliekruid
Culinario	Kulinêre
Dragoncello	Dragon
Finocchio	Vinkel
Fiore	Blom
Giardino	Tuin
Ingrediente	Bestanddeel
Lavanda	Laventel
Maggiorana	Marjolein
Menta	Kruisement
Origano	Oregano
Prezzemolo	Pietersielie
Qualità	Gehalte
Rosmarino	Roosmaryn
Timo	Tiemie
Verde	Groen
Zafferano	Saffraan

Escursionismo
Stap

Acqua	Water
Animali	Diere
Campeggio	Kampeer
Clima	Klimaat
Guide	Gidse
Mappa	Kaart
Montagna	Berg
Natura	Natuur
Orientamento	Oriëntasie
Parchi	Parke
Pericoli	Gevare
Pesante	Swaar
Pietre	Klippe
Preparazione	Voorbereiding
Scogliera	Krans
Selvaggio	Wilde
Sole	Son
Stanco	Moeg
Stivali	Stewels
Vertice	Beraad

Esplorazione
Eksplorasie

Animali	Diere
Attività	Aktiwiteit
Coraggio	Moed
Culture	Kulture
Determinazione	Bepaling
Eccitazione	Opwinding
Esaurimento	Uitputting
Lingua	Taal
Nuovo	Nuwe
Per Imparare	Om te Leer
Pericoli	Gevare
Pericoloso	Gevaarlik
Ricerca	Soeke
Sconosciuto	Onbekend
Scoperta	Ontdekking
Selvaggio	Wilde
Spazio	Ruimte
Terreno	Terrein
Viaggio	Reis

Estate
Somer

Amici	Vriende
Campeggio	Kampeer
Casa	Tuis
Cibo	Kos
Famiglia	Familie
Giardino	Tuin
Giochi	Speletjies
Gioia	Vreugde
Immersione	Duik
Libri	Boeke
Mare	See
Musica	Musiek
Ricordi	Herinneringe
Sandali	Sandale
Spiaggia	Strand
Stelle	Sterre
Tempo Libero	Ontspanning
Vacanza	Vakansie
Viaggio	Reis

Famiglia
Familie

Antenato	Voorouer
Bambini	Kinders
Bambino	Kind
Figlia	Dogter
Fratello	Broer
Gemelli	Tweeling
Infanzia	Kinderjare
Madre	Ma
Marito	Man
Materno	Moeder
Moglie	Vrou
Nipote	Neef
Nipote	Niggie
Nonna	Ouma
Nonno	Oupa
Padre	Vader
Paterno	Vaderlike
Sorella	Suster
Zia	Tannie
Zio	Oom

Fantascienza
Wetenskap Fiksie

Atomico	Atoom
Cinema	Teater
Distopia	Distopie
Esplosione	Ontploffing
Estremo	Uiterste
Fantastico	Fantasties
Fuoco	Vuur
Futuristico	Futuristies
Galassia	Sterrestelsel
Illusione	Illusie
Immaginario	Denkbeeldige
Libri	Boeke
Misterioso	Geheimsinnige
Mondo	Heelal
Oracolo	Orakel
Pianeta	Planeet
Realistico	Realistiese
Robot	Robotte
Tecnologia	Tegnologie
Utopia	Utopie

Fattoria #1
Plaas #1

Acqua	Water
Agricoltura	Landbou
Ape	Bye
Asino	Donkie
Campo	Veld
Cane	Hond
Capra	Bok
Cavallo	Perd
Fertilizzante	Kunsmis
Fieno	Hooi
Gatto	Kat
Gregge	Kudde
Maiale	Vark
Miele	Heuning
Mucca	Koei
Pollo	Hoender
Recinto	Heining
Riso	Rys
Semi	Sade
Vitello	Kalf

Fattoria #2
Plaas #2

Agnello	Lam
Agricoltore	Boer
Alveare	Byekorf
Anatra	Eend
Animali	Diere
Cibo	Kos
Fienile	Skuur
Frutta	Vrugte
Frutteto	Boord
Grano	Koring
Irrigazione	Besproeiing
Lama	Llama
Latte	Melk
Maturo	Ryp
Oche	Ganse
Orzo	Gars
Pastore	Herder
Pecora	Skape
Prato	Weide
Trattore	Trekker

Fiori
Blomme

Dente di Leone	Paardebloem
Gardenia	Gardenia
Gelsomino	Jasmyn
Giglio	Lelie
Girasole	Sonneblom
Ibisco	Hibiskus
Lavanda	Laventel
Lilla	Lila
Magnolia	Magnolia
Margherita	Madeliefie
Mazzo	Boeket
Orchidea	Orgidee
Papavero	Papawer
Passiflora	Passieblom
Peonia	Pioen
Petalo	Blomblare
Plumeria	Plumeria
Rosa	Rose
Trifoglio	Klawer
Tulipano	Tulp

Foresta Pluviale
Reënwoud

Anfibi	Amfibieë
Botanico	Botaniese
Clima	Klimaat
Comunità	Gemeenskap
Diversità	Diversiteit
Indigeno	Inheemse
Insetti	Insekte
Mammiferi	Soogdiere
Muschio	Mos
Natura	Natuur
Nuvole	Wolke
Preservazione	Bewaring
Prezioso	Waardevolle
Restauro	Herstel
Rifugio	Toevlug
Rispetto	Respek
Sopravvivenza	Oorlewing
Specie	Spesies
Uccelli	Voëls

Forme
Vorms

Angolo	Hoek
Arco	Lnr
Bordi	Kante
Cerchio	Sirkel
Cilindro	Silinder
Cono	Keël
Cubo	Kubus
Curva	Kurwe
Ellisse	Ellips
Iperbole	Hiperbool
Lato	Kant
Linea	Lyn
Ovale	Ovaal
Piramide	Piramide
Poligono	Veelhoek
Prisma	Prisma
Quadrato	Vierkante
Rettangolo	Reghoek
Sfera	Sfeer
Triangolo	Driehoek

Forniture Artistiche
Kunsbenodigdhede

Acqua	Water
Acquerelli	Waterverf
Acrilico	Akriel
Argilla	Klei
Carbone	Houtskool
Carta	Papier
Cavalletto	Esel
Colla	Gom
Colori	Kleure
Creatività	Kreatiwiteit
Gomma	Uitveër
Idee	Idees
Inchiostro	Ink
Matite	Potlode
Olio	Olie
Pastelli	Pastel
Sedia	Stoel
Spazzole	Borsels
Tavolo	Tabel
Telecamera	Kamera

Frutta
Vrugte

Albicocca	Appelkoos
Ananas	Pynappel
Arancia	Oranje
Avocado	Avokado
Bacca	Bessie
Banana	Piesang
Ciliegia	Kersie
Kiwi	Kiwi
Lampone	Framboos
Limone	Suurlemoen
Mango	Mango
Mela	Appel
Melone	Spanspek
Mora	Blackberry
Nettarina	Nektarien
Papaia	Papaja
Pera	Peer
Pesca	Perske
Prugna	Pruim
Uva	Druiwe

Gentilezza
Vriendelikheid

Affidabile	Betroubaar
Amichevole	Vriendelike
Amorevole	Liefdevolle
Attento	Aandagtig
Compassionevole	Barmhartige
Comprensione	Begrip
Dolce	Sagte
Felice	Gelukkig
Generoso	Ruim
Genuino	Eg
Onesto	Eerlik
Ospitale	Gasvry
Paziente	Pasiënt
Ricettivo	Ontvanklik
Rispettoso	Respek
Tollerante	Verdraagsaam
Utile	Nuttig

Geografia
Aardrykskunde

Altitudine	Hoogte
Atlante	Atlas
Città	Stad
Continente	Kontinent
Emisfero	Halfrond
Fiume	Rivier
Isola	Eiland
Latitudine	Latitude
Longitudine	Lengtegraad
Mappa	Kaart
Mare	See
Meridiano	Meridiaan
Mondo	Heelal
Montagna	Berg
Nord	Noord
Ovest	Wes
Paese	Land
Regione	Streek
Sud	Suid
Territorio	Gebied

Geologia
Geologie

Acido	Suur
Altopiano	Plato
Calcio	Kalsium
Caverna	Grot
Continente	Kontinent
Corallo	Koraal
Cristalli	Kristalle
Erosione	Erosie
Fossile	Fossiel
Geyser	Geyser
Lava	Lava
Minerali	Minerale
Pietra	Klip
Quarzo	Kwarts
Sale	Sout
Stalagmiti	Stalagmiete
Stalattite	Stalaktiet
Strato	Laag
Terremoto	Aardbewing
Vulcano	Vulkaan

Giardino
Tuin

Albero	Boom
Amaca	Hangmat
Cespuglio	Bos
Erba	Gras
Erbacce	Onkruid
Fiore	Blom
Frutteto	Boord
Garage	Garage
Giardino	Tuin
Pala	Graaf
Panca	Bank
Portico	Stoep
Prato	Grasperk
Rastrello	Hark
Recinto	Heining
Stagno	Dam
Suolo	Grond
Terrazza	Terras
Trampolino	Trampolien
Tubo	Slang

Ginnastica
Gimnastiek

Agilità	Behendigheid
Allenatore	Afrigter
Body	Leotards
Cerchio	Hoepel
Combinazioni	Kombinasies
Forza	Sterkte
Gesso	Kryt
Ginnasti	Gimnaste
Giudice	Regter
Individuale	Individuele
Mani	Hande
Musica	Musiek
Palestra	Gimnasium
Punteggi	Tellings
Routine	Roetine
Salto	Spring
Squadra	Span

Giocattoli
Speelgoed

Aereo	Vliegtuig
Aquilone	Vlieër
Argilla	Klei
Artigianato	Handwerk
Auto	Motor
Bambola	Pop
Barca	Boot
Batteria	Dromme
Bicicletta	Fiets
Camion	Vragmotor
Giochi	Speletjies
Immaginazione	Verbeelding
Libri	Boeke
Palla	Bal
Preferito	Gunsteling
Puzzle	Legkaart
Robot	Robot
Scacchi	Skaak
Treno	Trein
Vernici	Verf

Giorni e Mesi
Dae en Maande

Agosto	Augustus
Anno	Jaar
Aprile	April
Calendario	Kalender
Dicembre	Desember
Domenica	Sondag
Febbraio	Februarie
Gennaio	Januarie
Giugno	Junie
Luglio	Julie
Lunedì	Maandag
Martedì	Dinsdag
Mercoledì	Woensdag
Mese	Maand
Novembre	November
Ottobre	Oktober
Sabato	Saterdag
Settembre	September
Settimana	Week
Venerdì	Vrydag

Guida
Bestuur

Attenzione	Versigtigheid
Auto	Motor
Autobus	Bus
Carburante	Brandstof
Freni	Remme
Garage	Garage
Gas	Gas
Incidente	Ongeluk
Licenza	Lisensie
Mappa	Kaart
Moto	Motorfiets
Pedonale	Voetganger
Pericolo	Gevaar
Polizia	Polisie
Sicurezza	Veiligheid
Strada	Pad
Traffico	Verkeer
Trasporto	Vervoer
Tunnel	Tonnel
Velocità	Spoed

Imbarcazioni
Bote

Albero	Mas
Ancora	Anker
Barca a Vela	Seilboot
Boa	Boei
Canoa	Kano
Corda	Tou
Equipaggio	Bemanning
Fiume	Rivier
Kayak	Kajak
Lago	Meer
Mare	See
Marea	Gety
Marinaio	Matroos
Motore	Enjin
Nautico	Nautische
Oceano	Oseaan
Onde	Golwe
Traghetto	Ferry
Yacht	Seiljag
Zattera	Vlot

Insetti
Insekte

Afide	Plantluis
Ape	Bye
Cavalletta	Sprinkaan
Cicala	Cicada
Coccinella	Ladybug
Coleottero	Kewer
Falena	Mot
Farfalla	Skoenlapper
Formica	Mier
Larva	Larwe
Libellula	Naaldekoker
Mantide	Mantis
Moscerino	Muggie
Pulce	Vlooi
Scarafaggio	Kakkerlak
Termite	Termiet
Verme	Wurm
Vespa	Perdeby
Zanzara	Muskiet

Letteratura
Letterkunde

Analisi	Analise
Analogia	Analogie
Aneddoto	Anekdote
Autore	Outeur
Biografia	Biografie
Confronto	Vergelyking
Critica	Kritiek
Descrizione	Beskrywing
Dialogo	Dialoog
Genere	Genre
Metafora	Metafoor
Opinione	Opinie
Poesia	Gedig
Poetico	Poëtiese
Rima	Rym
Ritmo	Ritme
Romanzo	Boek
Stile	Styl
Tema	Tema
Tragedia	Tragedie

Libri
Boeke

Autore	Outeur
Avventura	Avontuur
Collezione	Versameling
Contesto	Konteks
Dualità	Dualiteit
Epico	Epiese
Inventivo	Vindingryke
Letterario	Literêre
Lettore	Leser
Narratore	Verteller
Pagina	Bladsy
Poesia	Poësie
Rilevante	Relevant
Romanzo	Boek
Scritto	Geskryf
Serie	Reeks
Storia	Storie
Storico	Historiese
Tragico	Tragies
Umoristico	Humoristiese

Mammiferi
Soogdiere

Balena	Walvis
Cane	Hond
Canguro	Kangaroe
Cavallo	Perd
Cervo	Takbokke
Coniglio	Haas
Coyote	Coyote
Delfino	Dolfyn
Elefante	Olifant
Gatto	Kat
Giraffa	Kameelperd
Gorilla	Gorilla
Leone	Leeu
Lupo	Wolf
Orso	Beer
Pecora	Skape
Scimmia	Aap
Toro	Bul
Volpe	Jakkals
Zebra	Sebra

Matematica
Wiskunde

Angoli	Hoeke
Aritmetica	Rekenkunde
Decimale	Desimale
Diametro	Deursnee
Divisione	Afdeling
Equazione	Vergelyking
Esponente	Eksponent
Frazione	Breuk
Geometria	Meetkunde
Parallelo	Parallel
Parallelogramma	Parallelogram
Perimetro	Omtrek
Poligono	Veelhoek
Quadrato	Vierkante
Raggio	Radius
Rettangolo	Reghoek
Simmetria	Simmetrie
Somma	Som
Triangolo	Driehoek
Volume	Volume

Meditazione
Meditasie

Accettazione	Aanvaarding
Attenzione	Aandag
Calma	Kalm
Chiarezza	Duidelikheid
Compassione	Deernis
Emozioni	Emosies
Felicità	Geluk
Gratitudine	Dankbaarheid
Mentale	Geestelike
Mente	Gedagte
Movimento	Beweging
Musica	Musiek
Natura	Natuur
Osservazione	Waarneming
Pace	Vrede
Pensieri	Gedagtes
Postura	Postuur
Prospettiva	Perspektief
Respirazione	Asemhaling
Silenzio	Stilte

Meteo
Weer

Arcobaleno	Reënboog
Asciutto	Droog
Atmosfera	Atmosfeer
Calma	Kalm
Cielo	Lug
Clima	Klimaat
Fulmine	Bliksem
Ghiaccio	Ys
Monsone	Reën
Nebbia	Mis
Nube	Wolk
Polare	Polêre
Siccità	Droogte
Temperatura	Temperatuur
Tempesta	Storm
Tornado	Tornado
Tropicale	Tropies
Tuono	Donderweer
Uragano	Orkaan
Vento	Wind

Misurazioni
Metings

Altezza	Hoogte
Byte	Byte
Centimetro	Sentimeter
Chilogrammo	Kilogram
Chilometro	Kilometer
Decimale	Desimale
Grado	Graad
Grammo	Gram
Larghezza	Breedte
Litro	Liter
Lunghezza	Lengte
Metro	Meter
Minuto	Minuut
Oncia	Ons
Peso	Gewig
Pinta	Pint
Pollice	Duim
Profondità	Diepte
Tonnellata	Ton
Volume	Volume

Mitologia
Mitologie

Archetipo	Argetipe
Comportamento	Gedrag
Creatura	Skepsel
Creazione	Skepping
Credenze	Oortuigings
Cultura	Kultuur
Disastro	Ramp
Divinità	Gode
Eroe	Held
Forza	Sterkte
Fulmine	Weerlig
Gelosia	Jaloesie
Guerriero	Kryger
Labirinto	Labirint
Leggenda	Legende
Magico	Magiese
Mortale	Sterflike
Mostro	Monster
Tuono	Donderweer
Vendetta	Wraak

Natura
Die Natuur

Animali	Diere
Api	Bye
Artico	Arktiese
Bellezza	Skoonheid
Deserto	Woestyn
Dinamico	Dinamies
Erosione	Erosie
Fiume	Rivier
Fogliame	Blare
Foresta	Bos
Ghiacciaio	Gletser
Montagne	Berge
Nebbia	Mis
Nuvole	Wolke
Rifugio	Skuiling
Santuario	Heiligdom
Selvaggio	Wilde
Sereno	Rustige
Tropicale	Tropies
Vitale	Noodsaaklik

Numeri
Nommers

Cinque	Vyf
Decimale	Desimale
Diciannove	Negentien
Diciassette	Sewentien
Diciotto	Agtien
Dieci	Tien
Dodici	Twaalf
Due	Twee
Nove	Nege
Otto	Agt
Quattordici	Veertien
Quattro	Vier
Quindici	Vyftien
Sedici	Sestien
Sei	Ses
Sette	Sewe
Tre	Drie
Tredici	Dertien
Venti	Twintig
Zero	Nul

Nutrizione
Voeding

Amaro	Bitter
Appetito	Eetlus
Bilanciato	Gebalanseerde
Calorie	Kalorieë
Carboidrati	Koolhidrate
Commestibile	Eetbare
Dieta	Dieet
Digestione	Vertering
Fermentazione	Fermentasie
Liquidi	Vloeistowwe
Nutriente	Voedingstof
Peso	Gewig
Proteine	Proteïene
Qualità	Gehalte
Salsa	Sous
Salute	Gesondheid
Sano	Gesond
Spezie	Speserye
Tossina	Gifstof
Vitamina	Vitamien

Oceano
Oseaan

Anguilla	Paling
Balena	Walvis
Barca	Boot
Corallo	Koraal
Delfino	Dolfyn
Gamberetto	Garnale
Granchio	Krap
Maree	Getye
Medusa	Jellievis
Onde	Golwe
Ostrica	Oester
Pesce	Vis
Polpo	Seekat
Sale	Sout
Scogliera	Rif
Spugna	Spons
Squalo	Haai
Tartaruga	Skilpad
Tempesta	Storm
Tonno	Tuna

Paesaggi
Landskappe

Cascata	Waterval
Collina	Heuwel
Deserto	Woestyn
Fiume	Rivier
Geyser	Geyser
Ghiacciaio	Gletser
Grotta	Grot
Iceberg	Ysberg
Isola	Eiland
Lago	Meer
Mare	See
Montagna	Berg
Oasi	Oase
Oceano	Oseaan
Palude	Moeras
Penisola	Skiereiland
Spiaggia	Strand
Tundra	Toendra
Valle	Vallei
Vulcano	Vulkaan

Paesi #2
Lande #2

Albania	Albanië
Danimarca	Denemarke
Etiopia	Ethiopië
Giamaica	Jamaika
Giappone	Japan
Grecia	Griekeland
Haiti	Haïti
Indonesia	Indonesië
Irlanda	Ierland
Laos	Laos
Liberia	Liberië
Messico	Mexiko
Nepal	Nepal
Nigeria	Nigerië
Pakistan	Pakistan
Russia	Rusland
Siria	Sirië
Sudan	Soedan
Ucraina	Oekraïne
Uganda	Uganda

Pesca
Visvang

Acqua	Water
Attrezzatura	Toerusting
Barca	Boot
Branchie	Kiewe
Cesto	Mandjie
Cucinare	Kook
Esagerazione	Oordrywing
Esca	Aas
Filo	Draad
Fiume	Rivier
Gancio	Haak
Lago	Meer
Mascella	Kakebeen
Oceano	Oseaan
Pazienza	Geduld
Peso	Gewig
Pinne	Vinne
Spiaggia	Strand
Stagione	Seisoen

Piante
Plante

Albero	Boom
Bacca	Bessie
Bambù	Bamboes
Botanica	Plantkunde
Cactus	Kaktus
Crescere	Groei
Edera	Klimop
Erba	Gras
Fagiolo	Boontjie
Fertilizzante	Kunsmis
Fiore	Blom
Flora	Flora
Foglia	Blad
Fogliame	Blare
Foresta	Bos
Giardino	Tuin
Muschio	Mos
Petalo	Blomblare
Radice	Wortel
Vegetazione	Plantegroei

Pirati
Seerowers

Ancora	Anker
Avventura	Avontuur
Bandiera	Vlag
Bussola	Kompas
Capitano	Kaptein
Cattivo	Slegte
Cicatrice	Litteken
Equipaggio	Bemanning
Grotta	Grot
Isola	Eiland
Leggenda	Legende
Mappa	Kaart
Monete	Munte
Oro	Goud
Pappagallo	Papegaai
Pericolo	Gevaar
Rum	Rum
Spada	Swaard
Spiaggia	Strand
Tesoro	Skat

Professioni #1
Beroepe #1

Allenatore	Afrigter
Ambasciatore	Ambassadeur
Artista	Kunstenaar
Astronomo	Sterrekundige
Avvocato	Prokureur
Ballerino	Danser
Banchiere	Bankier
Cacciatore	Jagter
Cartografo	Kartograaf
Editore	Redakteur
Farmacista	Apteker
Geologo	Geoloog
Gioielliere	Juwelier
Idraulico	Loodgieter
Infermiera	Verpleegster
Musicista	Musikant
Pianista	Pianis
Psicologo	Sielkundige
Scienziato	Wetenskaplike
Veterinario	Veearts

Professioni #2
Beroepe #2

Astronauta	Ruimtevaarder
Bibliotecario	Bibliotekaris
Biologo	Bioloog
Chirurgo	Chirurg
Dentista	Tandarts
Filosofo	Filosoof
Fotografo	Fotograaf
Giardiniere	Tuinier
Giornalista	Joernalis
Illustratore	Illustreerder
Ingegnere	Ingenieur
Insegnante	Onderwyser
Inventore	Uitvinder
Investigatore	Ondersoeker
Linguista	Taalkundige
Medico	Geneesheer
Pilota	Vlieënier
Pittore	Skilder
Ricercatore	Navorser
Zoologo	Dierkundige

Riempire
Om te Vul

Barile	Vat
Borsa	Sak
Bottiglia	Bottel
Busta	Koevert
Cartella	Gids
Cartone	Karton
Cassa	Krat
Cassetto	Laai
Cesto	Mandjie
Nave	Vaartuig
Pacchetto	Pakkie
Scatola	Boks
Secchio	Emmer
Tubo	Buis
Valigia	Tas
Vasca	Bad
Vaso	Vaas
Vassoio	Skinkbord

Ristorante #1
Restaurant #1

Allergia	Allergie
Caffè	Koffie
Cameriera	Kelnerin
Carne	Vleis
Cassiere	Kassier
Cibo	Kos
Ciotola	Bak
Coltello	Mes
Cucina	Kombuis
Dessert	Nagereg
Ingredienti	Bestanddele
Menù	Menu
Pane	Brood
Piatto	Plaat
Piccante	Pittige
Pollo	Hoender
Prenotazione	Bespreking
Salsa	Sous
Tovagliolo	Servet

Ristorante #2
Restaurant #2

Acqua	Water
Bevanda	Drank
Cameriere	Kelner
Cena	Aandete
Cucchiaio	Lepel
Delizioso	Heerlike
Forchetta	Vurk
Frutta	Vrugte
Ghiaccio	Ys
Insalata	Slaai
Minestra	Sop
Pesce	Vis
Pranzo	Middagete
Sale	Sout
Sedia	Stoel
Spezie	Speserye
Torta	Koek
Uova	Eiers
Verdure	Groente

Scacchi
Skaak

Avversario	Teenstander
Bianco	Wit
Campione	Kampioen
Concorso	Wedstryd
Diagonale	Diagonaal
Giocatore	Speler
Gioco	Spel
Intelligente	Slim
Nero	Swart
Passivo	Passiewe
Per Imparare	Om te Leer
Punti	Punte
Re	Koning
Regina	Koningin
Regole	Reëls
Sacrificio	Offer
Sfide	Uitdagings
Strategia	Strategie
Tempo	Tyd
Torneo	Toernooi

Scienza
Wetenskap

Atomo	Atoom
Chimico	Chemiese
Clima	Klimaat
Dati	Data
Esperimento	Eksperiment
Evoluzione	Evolusie
Fatto	Feit
Fisica	Fisika
Fossile	Fossiel
Gravità	Swaartekrag
Ipotesi	Hipotese
Laboratorio	Laboratorium
Metodo	Metode
Minerali	Minerale
Molecole	Molekules
Natura	Natuur
Organismo	Organisme
Osservazione	Waarneming
Particelle	Deeltjies
Scienziato	Wetenskaplike

Scuola #1
Skool #1

Alfabeto	Alfabet
Amici	Vriende
Aula	Klaskamer
Biblioteca	Biblioteek
Carta	Papier
Cartelle	Dopgehou
Divertimento	Pret
Esami	Eksamens
Insegnante	Onderwyser
Libri	Boeke
Marcatori	Merkers
Matematica	Wiskunde
Matita	Potlood
Numeri	Getalle
Penne	Penne
Pranzo	Middagete
Quiz	Quiz
Risposte	Antwoorde
Scrivania	Lessenaar
Sedia	Stoel

Scuola #2
Skool #2

Accademico	Akademiese
Autobus	Bus
Biblioteca	Biblioteek
Calendario	Kalender
Carta	Papier
Computer	Rekenaar
Dizionario	Woordeboek
Educazione	Onderwys
Forbici	Skêr
Giochi	Speletjies
Grammatica	Grammatika
Insegnante	Onderwyser
Letteratura	Literatuur
Lettura	Lees
Libri	Boeke
Matematica	Wiskunde
Matita	Potlood
Scarpe	Skoene
Scienza	Wetenskap
Zaino	Rugsak

Spezie
Speserye

Aglio	Knoffel
Amaro	Bitter
Anice	Anys
Cannella	Kaneel
Cardamomo	Kardemom
Cipolla	Ui
Coriandolo	Koljander
Cumino	Komyn
Curcuma	Borrie
Curry	Kerrie
Dolce	Soet
Finocchio	Vinkel
Liquirizia	Drop
Noce Moscata	Neutmuskaat
Paprika	Paprika
Pepe	Peper
Sale	Sout
Vaniglia	Vanielje
Zafferano	Saffraan
Zenzero	Gemmer

Spiaggia
Strand

Asciugamano	Handdoek
Barca	Boot
Barca a Vela	Seilboot
Blu	Blou
Costa	Kus
Dock	Dok
Granchio	Krap
Isola	Eiland
Laguna	Strandmeer
Mare	See
Oceano	Oseaan
Ombrello	Sambreel
Sabbia	Sand
Sandali	Sandale
Scogliera	Rif
Sole	Son
Vacanza	Vakansie

Sport
Sport

Allenatore	Afrigter
Arbitro	Skeidsregter
Atleta	Atleet
Baseball	Bofbal
Basket	Basketbal
Bicicletta	Fiets
Campionato	Kampioenskap
Ginnastica	Gimnastiek
Giocatore	Speler
Gioco	Spel
Golf	Gholf
Hockey	Hokkie
Movimento	Beweging
Palestra	Gimnasium
Squadra	Span
Stadio	Stadion
Tennis	Tennis
Vincitore	Wenner

Strumenti Musicali
Musikale Instrumente

Armonica	Harmonica
Arpa	Harp
Banjo	Banjo
Chitarra	Kitaar
Clarinetto	Klarinet
Fagotto	Fagot
Flauto	Fluit
Gong	Gong
Mandolino	Mandolien
Marimba	Marimba
Oboe	Hobo
Percussione	Perkussie
Pianoforte	Klavier
Sassofono	Saksofoon
Tamburello	Tamboeryn
Tamburo	Drom
Tromba	Basuin
Trombone	Trombone
Violino	Viool
Violoncello	Tjello

Surf
Branderplankry

Atleta	Atleet
Campione	Kampioen
Divertimento	Pret
Estremo	Uiterste
Folla	Skares
Forza	Sterkte
Meteo	Weer
Oceano	Oseaan
Onda	Golf
Popolare	Gewilde
Principiante	Beginner
Schiuma	Skuim
Scogliera	Rif
Spiaggia	Strand
Spray	Spuit
Stile	Styl
Stomaco	Maag
Velocità	Spoed

Tecnologia
Tegnologie

Blog	Blog
Browser	Leser
Byte	Grepe
Computer	Rekenaar
Cursore	Wyser
Dati	Data
Digitale	Digitale
File	Lêer
Font	Font
Internet	Internet
Messaggio	Boodskap
Ricerca	Navorsing
Schermo	Skerm
Sicurezza	Sekuriteit
Software	Sagteware
Statistiche	Statistieke
Telecamera	Kamera
Virtuale	Virtuele
Virus	Virus

Tempo
Tyd

Anno	Jaar
Annuale	Jaarlikse
Calendario	Kalender
Decennio	Dekade
Dopo	Na
Futuro	Toekoms
Giorno	Dag
Ieri	Gister
Mattina	Oggend
Mese	Maand
Mezzogiorno	Middag
Minuto	Minuut
Notte	Nag
Oggi	Vandag
Ora	Uur
Orologio	Klok
Presto	Gou
Prima	Voor
Secolo	Eeu
Settimana	Week

Tipi di Capelli
Hare Tipes

Argento	Silwer
Asciutto	Droë
Bianco	Wit
Biondo	Blond
Breve	Kort
Calvo	Kaal
Colorato	Gekleurde
Grigio	Grys
Intrecciato	Gevleg
Liscio	Glad
Lungo	Lank
Marrone	Bruin
Morbido	Sagte
Nero	Swart
Riccio	Krullerige
Riccioli	Krulle
Sano	Gesond
Sottile	Dun
Spessore	Dik
Trecce	Vlegsels

Uccelli
Voëls

Airone	Reier
Anatra	Eend
Aquila	Arend
Cicogna	Ooievaar
Cigno	Swaan
Cuculo	Koekoek
Falco	Hawk
Fenicottero	Flamingo
Gabbiano	Meeu
Oca	Gans
Pappagallo	Papegaai
Passero	Mossie
Pavone	Pou
Pellicano	Pelikaan
Piccione	Duif
Pinguino	Pikkewyn
Pollo	Hoender
Struzzo	Volstruis
Tucano	Toekan
Uovo	Eier

Vacanze #2
Vakansie #2

Aeroporto	Lughawe
Campeggio	Kampeer
Destinazione	Bestemming
Foto	Foto'S
Hotel	Hotel
Isola	Eiland
Mappa	Kaart
Mare	See
Passaporto	Paspoort
Ristorante	Restaurant
Spiaggia	Strand
Straniero	Buitelander
Taxi	Taxi
Tempo Libero	Ontspanning
Tenda	Tent
Trasporto	Vervoer
Treno	Trein
Vacanza	Vakansie
Viaggio	Reis
Visto	Visa

Veicoli
Voertuie

Aereo	Vliegtuig
Ambulanza	Ambulans
Auto	Motor
Autobus	Bus
Barca	Boot
Bicicletta	Fiets
Camion	Vragmotor
Caravan	Karavaan
Elicottero	Helikopter
Metropolitana	Metro
Motore	Enjin
Pneumatici	Bande
Razzo	Vuurpyl
Scooter	Scooter
Sottomarino	Duikboot
Taxi	Taxi
Traghetto	Ferry
Trattore	Trekker
Treno	Trein
Zattera	Vlot

Verdure
Groente

Aglio	Knoffel
Broccolo	Broccoli
Carciofo	Artisjok
Carota	Wortel
Cetriolo	Komkommer
Cipolla	Ui
Fungo	Sampioen
Insalata	Slaai
Melanzana	Eiervrug
Patata	Aartappel
Pisello	Ertjie
Pomodoro	Tamatie
Prezzemolo	Pietersielie
Rapa	Raap
Ravanello	Radys
Scalogno	Salot
Sedano	Seldery
Spinaci	Spinasie
Zenzero	Gemmer
Zucca	Pampoen

Vestiti
Klere

Abito	Aantrek
Braccialetto	Armband
Camicetta	Bloes
Camicia	Hemp
Cappello	Hoed
Cappotto	Jas
Cintura	Gordel
Collana	Halssnoer
Giacca	Baadjie
Gonna	Rok
Grembiule	Voorskoot
Guanti	Handskoene
Jeans	Denim
Maglione	Trui
Moda	Mode
Pantaloni	Broek
Pigiama	Pajamas
Sandali	Sandale
Scarpa	Skoen
Sciarpa	Serp

Virtù #1
Deugde #1

Affascinante	Sjarmant
Affidabile	Betroubaar
Appassionato	Passievol
Artistico	Artistieke
Buono	Goeie
Curioso	Nuuskierig
Decisivo	Beslissend
Divertente	Snaaks
Efficiente	Doeltreffend
Generoso	Ruim
Indipendente	Onafhanklik
Intelligente	Intelligente
Modesto	Beskeie
Paziente	Pasiënt
Pratico	Praktiese
Pulito	Skoon
Saggio	Wyse
Utile	Nuttig

Congratulazioni

Ce l'hai fatta!

Speriamo che questo libro vi sia piaciuto tanto quanto a noi è piaciuto concepirlo. Ci sforziamo di creare libri della più alta qualità possibile.
Questa edizione è progettata per fornire un apprendimento intelligente, di qualità e divertente!

Le è piaciuto questo libro?

Una Semplice Richiesta

Questi libri esistono grazie alle recensioni che pubblicate.

Puoi aiutarci lasciando una recensione
ora a questo link ?

BestBooksActivity.com/Recensioni50

SFIDA FINALE!

Sfida n°1

Sei pronto per il tuo gioco gratuito? Li usiamo sempre, ma non sono così facili da trovare - ecco i **Sinonimi!**
Scrivi 5 parole che hai trovato nei puzzle (n° 21, n° 36, n° 76) e prova a trovare 2 sinonimi per ogni parola.

Scrivi 5 parole del **Puzzle 21**

Parole	Sinonimo 1	Sinonimo 2

Scrivi 5 parole del **Puzzle 36**

Parole	Sinonimo 1	Sinonimo 2

Scrivi 5 parole del **Puzzle 76**

Parole	Sinonimo 1	Sinonimo 2

Sfida n°2

Ora che ti sei riscaldato, scrivi 5 parole che hai trovato nei puzzle n° 9, n° 17 e n° 25 e cerca di trovare 2 contrari per ogni parola. Quanti ne puoi trovare in 20 minuti?

Scrivi 5 parole del **Puzzle 9**

Parole	Antonimo 1	Antonimo 2

Scrivi 5 parole del **Puzzle 17**

Parole	Antonimo 1	Antonimo 2

Scrivi 5 parole del **Puzzle 25**

Parole	Antonimo 1	Antonimo 2

Sfida n°3

Grande! Questa sfida non è niente per te!

Pronto per la sfida finale? Scegli 10 parole che hai scoperto nei diversi puzzle e scrivile qui sotto.

1.	6.
2.	7.
3.	8.
4.	9.
5.	10.

Ora scrivi un testo pensando a una persona, un animale o un luogo che ti piace.

Puoi usare l'ultima pagina di questo libro come bozza.

La tua composizione:

TACCUINO:

A PRESTO!

Tutta la Squadra

SCOPRIRE
GIOCHI
GRATIS
GO
BESTACTIVITYBOOKS.COM/FREEGAMES